INVENTAIRE
F.3.111

DROIT ROMAIN.

DES AMBASSADEURS

(De Legationibus).

DROIT FRANÇAIS.

DES CONSULATS

DE L'ORIGINE DES CONSULATS EN PAYS ÉTRANGER. DE L'INSTITUTION CONSULAIRE FRANÇAISE (DEPUIS LE XIIᵉ SIÈCLE JUSQU'A L'ORDONNANCE DE LA MARINE DE 1681.

THÈSE POUR LE DOCTORAT

PAR

Joseph-Emile REYNAUD,

Lauréat du concours de licence très 1ᵉ mention,
Avocat à la Cour d'appel.

PARIS

A. PARENT, IMPRIMEUR DE LA FACULTÉ DE MÉDECINE
31, rue Monsieur-le-Prince, 31

1873

DROIT ROMAIN.

DES AMBASSADEURS

(De Legationibus).

DROIT FRANÇAIS.

DES CONSULATS

DE L'ORIGINE DES CONSULATS EN PAYS ÉTRANGER. DE L'INSTITUTION CONSULAIRE FRANÇAISE DEPUIS LE XIIe SIÈCLE JUSQU'A L'ORDONNANCE DE LA MARINE DE 1681.

THESE POUR LE DOCTORAT

PAR

JOSEPH-EMILE REYNAUD,

Lauréat du concours de licence 1868 (2e mention)
Avocat à la Cour d'appel.

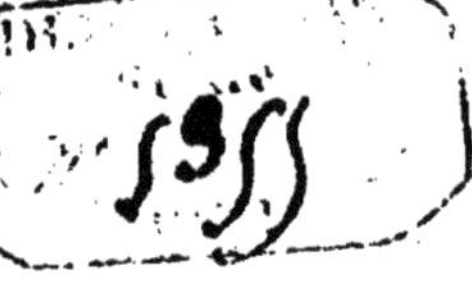

L'acte public sur les matières ci-après sera présenté et soutenu le mardi 31 juillet 1873, à midi.

Président :	M. Demante,	Président.
	MM. Giraud,	
	Labbé,	Professeurs.
Suffragants	Garsonnet,	
	Cauwès,	Agrégés.

PARIS

A. PARENT, IMPRIMEUR DE LA FACULTÉ DE MÉDECINE
31, rue Monsieur-le-Prince, 31

1873

A LA MÉMOIRE

DE MA MÈRE

———

A MON PÈRE

DROIT ROMAIN

DES AMBASSADEURS.

(Leg. ult. *de Legationibus* au Dig., lib. L. tit. VII).

Dans les rapports internationaux des anciens peuples, on rencontre des usages uniformes, en ce qui concerne leur mode de faire la guerre, de conclure des traités, de recevoir des ambassades. « Les auteurs, écrit M. Heffter, d'après la traduction de Bergson, qui, à ces règles, ont donné le nom de *droit des gens* de l'antiquité ne se sont point écartés de la vérité » (1).

Parlant spécialement de Rome, M. Egger dans ses belles *Etudes historiques sur les traités publics*, etc., atteste un droit des gens chez les Romains (2), et démontre que l'expression même, *Jus gentium*, était entendue, au moins par les historiens de la République, dans le sens de droit international, de *jus inter gentes*.

« *Jus gentium* ne signifie pas seulement, en latin, dit le savant professeur, les règles de droit communes chez

---

(1) M. Heffter, traduit par Bergson. Le droit international public de l'Europe, p. 8 et 9. Edition 1857.

(2) M. Egger, Etudes historiques sur les traités publics chez les Grecs et chez les Romains, édit. 1866, p. 173 et s. — Osenbrueggen dénie aux Romains un droit des gens. *De jure belli et pacis*, 1836. Lipsiæ, p. 9.

        1

tous les peuples, par opposition au droit civil des Romains : Dans Tite-Live (1), dans Salluste, dans Sénèque, par une extension visible du sens attaché aux formalités du droit fécial (2), ces deux mots signifient encore le droit que les peuples observent, même en temps de guerre, l'un à l'égard de l'autre. C'est une erreur commune chez les modernes de croire que ce sens du mot *jus gentium* était étranger aux écrivains romains de l'antiquité. Les jurisconsultes de l'Empire semblent à peine le connaître, il est vrai (3). Mais les historiens de la République l'attestent, comme on vient de le voir en maint passage : cela tient à ce que les uns s'occupent uniquement des rapports entre les citoyens de la grande cité constituée par les conquêtes de Rome, tandis que Tite-Live et Salluste racontaient les rivalités mêmes des nations non encore soumises.

Nous essaierons donc de déterminer, à l'aide des historiens et surtout de Tite-Live, quelles pouvaient être à Rome les règles de ce droit international relativement

(1) Parmi les textes nombreux auxquels renvoie M. Egger dans ses notes, nous citons ceux de Tite-Live : I, 14; II, 4; IV, 17, 19, 32; V, 4, 36, 51, etc.

(2) « De là l'opinion, qui me semble exagérée, d'après laquelle *jus feciale* serait la seule expression romaine pour désigner le droit des gens. » Note du livre de M. Egger.

« Les Romains, écrit Vattel, reconnaissent une loi qui oblige les nations entre elles, et ils rapportaient à cette loi le droit des ambassades. Ils avaient aussi leur droit fécial, lequel n'était autre chose que le droit des gens par rapport aux traités publics et particulièrement à la guerre. » Vattel, Le droit des gens. Préface.

(3) Institutes de Justinien, lib. I, tit. II, § 2. Ulpien entend par *jus gentium* des règles qui gouvernent tous les hommes, à quelque nationalité qu'ils appartiennent. « Jus gentium est quo gentes humanæ utuntur. » (l. 2, § 4 au Dig., lib. I, tit. 1). par opposition au droit civil qui était applicable aux seuls citoyens romains.

aux ambassades. Et, en suivant les deux grandes époques du droit des gens à Rome, nous parlerons des ambassadeurs, d'abord sous la République et ensuite sous l'Empire.

DES AMBASSADEURS SOUS LA RÉPUBLIQUE ROMAINE.

L'institution des missions diplomatiques permanentes, en usage de nos jours, n'était point connue de l'antiquité. Les principaux États traitaient ensemble par leurs ambassadeurs, sur leurs intérêts réciproques, à mesure que ces intérêts surgissaient. C'est ainsi que les Romains, aussi souvent que l'exigeaient les besoins de leur politique, envoyaient des ambassadeurs, mais chacune de de leurs ambassades n'avait pour objet qu'une négociation particulière et n'était que de courte durée (1).

Le droit des gens universel ne connaît point de divisions de ministres en différents ordres ; il les considère tous, dit M. Ch. de Martens (2), comme chargés des affaires de l'État qu'ils représentent.

Les différences du rang des personnes diplomatiques et la classification introduite dans le droit des gens européen (3) n'étaient pas suivies à Rome. Nous voyons

(1) « De tout temps et depuis qu'il existe des États et des peuples, il y a une diplomatie, si on entend par là l'échange de relations réciproques nécessitées par une circonstance ou pour un cas donné. Mais, ni dans l'antiquité, ni dans le moyen âge et la période de l'organisation féodale, on ne trouve à ces relations les caractères essentiels qui en font une institution dans les États modernes, nous voulons dire la permanence et la fixité de fonctions. » E. Charrière. Documents inédits sur l'histoire de France, t. I, Introd. XXVII.

(2) M. Ch. Martens. Guide diplomatique, édit. de M. Hoffmanns, t. I, page. 50.

(3) Le règlement sur le rang entre les agents diplomatiques, annexé à

figurer cependant dans plusieurs ambassades romaines le chef de l'ambassade, le *princeps legationis*. Tite-Live, en nous parlant des ambassadeurs venus de la part du roi Antiochus pour demander l'amitié et l'alliance de Rome, nous dit : « Legati venerunt ; quorum *princeps Apollonius*, « in senatu introductus (Tite-Live, XLII, 6). » Et ailleurs : « *Princeps legationis Echedemus*, » en parlant d'une ambassade des Athéniens (Tite-Live, XXXVII, 7).

Quelques années auparavant, sous le Consulat de P. Claudius et de L. Porcius, le Sénat nomma une légation, pour aller en Macédoine et en Grèce vérifier si les Thessaliens et les Perrhœbes avaient été remis en possession de leurs villes ; l'un des envoyés est encore désigné comme chef de la mission, « cujus (legationis) « *princeps* Ap. Claudius fuit (Tite-Live, XXXIX, 33).

Cependant, M. Weiske (1) pense qu'on ne saurait conclure de là « à une véritable préséance. » Dans nombre de passages, en effet, des historiens, les envoyés sont cités collectivement, et il n'est pas fait mention d'une prérogative particulière au profit de l'un deux (2).

De la puissance qui constitue l'ambassadeur. — Le droit d'envoyer des ambassadeurs à des nations étrangères est une prérogative de la souveraineté. Les Romains considéraient bien le droit d'ambassade comme une émana-

l'acte du Congrès de Vienne (19 mars 1815) dont il fait partie, partage les membres du corps diplomatique en trois classes. Ce règlement a été complété à Aix-la-Chapelle, le 21 novembre 1818, par une disposition qui concerne les *ministres résidents*. M. Ch. de Martens, t. I, p. 52-53.

(1) M. Weiske. Considérations historiques et diplomatiques sur les ambassades des Romains comparées aux modernes. (Zwickan, 1831.)

(2) Tite-Live. XXII 32, 33. — XXXIII, 24 : « Macedones (legati), deducti extra urbem in villam publicam... id regem facturum esse dicerent. »

tion du pouvoir souverain, qui ne s'exerce que vis-à-vis d'un autre Etat indépendant. Sans doute, nous trouvons dans l'Empire romain, sous le gouvernement des Césars, des envoyés des provinces et des villes municipales appelés des mêmes noms de *legati*. Mais Tite-Live a soin de nous dire que ces députés ne sauraient prétendre à la protection du droit des gens qui ne s'applique qu'aux véritables ambassadeurs : « Legationis jus, externo non « civi comparatum (Tite-Live, vi, 17) (1). »

Les ambassadeurs romains étaient appelés des noms de : *legati, oratores*. « Si quis *legatum* hostium pulsasset, » nous dit une loi de Pomponius au Digeste (2). Tite-Live, en nous parlant de l'ambassadeur des Veïens, écrit : « Veientes pacem petitum *oratores* Romam mittunt (Tite-Live, I, 15 (3). » Et les deux expressions *legati, oratores* sont employées comme synonymes par le jurisconsulte Ulpien, dans la loi *Julia de vi publicâ* (L. 7, au Dig. lib. XLVIII, tit. vi).

(1) En un passage de son histoire, Tacite accuse les Flaviens d'avoir, au milieu des guerres civiles, violé, dans la personne des Vitelliens, le droit des ambassadeurs sacré entre nations étrangères. «Sacrum etiam in exteras gentes legatorum jus » (lib. III, c. 80). Grotius explique ces expressions en nous disant que, « dans les guerres civiles, la nécessité donne quelquefois lieu à ce droit (d'ambassade entre citoyens d'un même État) contre la règle lorsque, par exemple, le peuple est divisé en partis presque égaux. » Grotius, le droit de la guerre et de la paix, trad. par M. Pradier Fodéré, 1867, t. II, p. 326.

M. Egger rappelle que Tite-Live, en deux endroits de son histoire, nous montre que les Patriciens invoquaient le *jus gentium* contre les Plébéiens, comme si ceux-ci agissaient à titre de nation distincte (lib. IV, t. VII, 6). M. Egger, loc. cit., p. 175.

(2) L. 17 au Dig., lib. L, tit. VII. D'après Varron, ce terme vient de *legere*, choisir « Legati quod ut publice mittantur leguntur. » Varron. *De lingua latina*, lib. VI, 66, et V, 87 (collect. de M. Nisard).

(3) Le mot *orateur* avec le sens d'*ambassadeur* s'est conservé dans notre langue jusqu'à la fin XVᵉ siècle. M. Egger, loc. cit, p. 14, note 4.

C'était au Sénat, qui dirigeait les affaires politiques extérieures du peuple Romain, sous la République, qu'appartenait le droit de nommer les ambassadeurs et de leur confier leur mission. C'était également à lui que revenait l'honneur de recevoir les ambassades étrangères.

A la chute de la République, et dès le règne d'Auguste, l'empereur nomme les ambassadeurs; il admet et reçoit les *legati* des Etats étrangers et traite les affaires concernant les ambassades, à l'exclusion du Sénat.

Les Romains considéraient comme une loi du droit des gens, l'obligation de recevoir les envoyés des puissances étrangères. Il y a un passage de Tite-Live où Hannon, sénateur carthaginois, s'élève ainsi contre Annibal : « Des ambassadeurs venaient dans votre camp pour des alliés et au nom des alliés; votre digne général a refusé de les recevoir; il a foulé aux pieds le droit des gens « *jus gentium sustulit* (Tite-Live, xxi, 10). »

Il est vrai cependant que le droit des gens ne prescrit pas que tous les ambassadeurs soient admis, « mais il défend qu'ils soient repoussés sans cause, » dit Grotius; et nous voyons le Sénat romain « déclarer ne pouvoir admettre l'ambassade des Carthaginois, dont l'armée serait en Italie (1). » Et Polybe raconte que les ambassadeurs des Cynéthiens étaient repoussés de toute part, parce que c'était une nation scélérate.

Des personnes envoyées.—Nous trouvons trois sortes de personnes employées aux relations internationales : les *feciales*, les *legati*, les *asseclæ* ou *comites* (2).

(1) Grotius, trad. cit., t. II, p. 328, donne plusieurs des ces exemples.
(2) M. Egger, loc. cit., p, 43.

« Le droit international, écrit M. Laurent, se manifesta, à Rome comme en Grèce, sous la forme religieuse (1). » Aussi, trouvons-nous dans la plus ancienne histoire romaine, un collège de prêtres (*feciales*) chargé de remplir les formalités que le culte prescrivait dans les relations hostiles des peuples. Les Feciales jouissaient de la prérogative de prétendre exclusivement à certaines missions.

1° Ce sont eux que le Sénat envoyait aux nations étrangères, avant la déclaration des hostilités, pour demander satisfaction ; et Tite-Live nous expose quelles étaient, en cette circonstance, les solennités qui leur étaient prescrites. Le fécial, arrivé sur les frontières, se couvrait la tête d'un voile de laine, et disait : « Ecoute, Jupiter, écoutez, habitants des frontières : Je suis le héraut du peuple Romain ; je viens chargé par lui d'une mission juste et pieuse, qu'on ajoute foi à mes paroles. » Il exposait ensuite ses demandes ; puis, attestant Jupiter, il continuait : « Si, moi, le héraut du peuple Romain, j'outrage les lois de la justice et de la religion, en demandant la restitution de ces hommes et de ces choses, ne permets pas que je puisse jamais revoir ma patrie (Tite-Live, i, 32) » (2).

S'il n'obtenait pas satisfaction, il prenait les dieux à témoin de l'injustice de l'ennemi et en référait au Sénat.

2° Lorsque le délai solennel de trente-trois jours était expiré, des féciales étaient de nouveau envoyés pour déclarer la guerre au nom du Sénat et du peuple Romain, en lançant un javelot sur le territoire ennemi (Tite-Live, i, 32) (3).

(1) M. Laurent. Histoire du droit des gens, t. III, p. 12.
(2) Tite-Live, IV, 30 : VII, 6, 9. 16, 32 ; VIII, 22, etc.
(3) L'usage de déclarer la guerre par des hérauts d'armes a presque

Quand ces cérémonies religieuses avaient été exactement pratiquées, la guerre était dite *juste* par les Romains (1).

3° Enfin, quand la paix avait été convenue, les Féciales étaient de nouveau envoyés pour donner au traité la consécration religieuse (Tite-Live, 1, 24, xxx, 43 : « Fe- « ciales quum in Africam ad fœdus feriendum ire ju- « berentur. »

Les légats ou orateurs (πρεσβυταί), qui font l'objet spécial de cette étude, étaient les ambassadeurs proprement dits, chargés des négociations avec les peuples étrangers.

Les personnes qui forment la suite de l'ambassadeur sont les les *asseclæ* (2) ou *comites*. Le jurisconsulte Ulpien, parmi ceux qui sont protégés pour la loi Julia *de vi publica*, cite les « oratores comitesve » (L. VII, au

entièrement disparu de l'Europe depuis le XVII° siècle. On cite comme la dernière déclaration de guerre par les hérauts, celle qui eut lieu en 1635, avant le commencement des hostilités entre la France et l'Espagne. Cette déclaration est transcrite dans les « Essais historiques sur Paris, » par Saint-Foix (Londres, 1759, t. I. p. 307).

(1) Varron. *De lingua latina*, V, 86. — Cic. *De Offic.*, I, 11.

« Ce conseil, dit Bossuet en parlant du collége des Féciales, était établi pour juger si une guerre était juste. Avant que le Sénat la proposât ou que le peuple la résolût, cet examen d'équité précédait toujours. Quand la justice de la guerre était reconnue, le Sénat prenait ses mesures pour l'entreprendre ; mais on envoyait avant toutes choses redemander dans les formes à l'usurpateur les choses injustement ravies, et on n'en venait aux extrémités qu'après avoir épuisé les voies de douceur. Sainte institution s'il en fut et qui fait honte aux chrétiens, à qui un Dieu venu au monde pour pacifier toutes choses n'a pu inspirer la charité et la paix ! » Bossuet. Disc. sur l'hist. univers., 3° partie, ch. VI. M. Laurent donne un sens différent au mot *guerre juste* des Romains. Histoire du droit des gens, t. III, p. 14-15.

(2) Cic. *Ver.* act. II, 1, c. XXV ; ce sont les ἀκόλουθοι en grec. « Ceux que je n'oserais pas appeler les attachés d'ambassade, écrit M. Egger, car ce pouvaient être en partie du moins de simples serviteurs. » Loc. cit , p. 43.

Dig., lib. XLVIII, t. 6); et Tite-Live, exposant les solennités des traités, fait dire au Fécial : « Facisne me « nuntium populi Romani : vasa comitesque meos. » (Tite-Live, i, 24).

Les *legati* paraissent avoir été choisis d'ordinaire parmi les sénateurs, et comme on sait d'ailleurs que chez les Romains il n'était possible d'arriver aux premiers emplois de la République qu'à l'âge de 40 ans, on ne peut douter que la maturité de l'âge ne fût nécessaire pour être revêtu du caractère d'ambassadeur (1).

Un passage de Tacite nous permet de conclure que c'était le sort qui, quelquefois, décidait du choix de l'envoyé. Cet historien nous apprend, en effet, qu'il s'éleva un débat dans le Sénat, pour savoir s'il fallait nommer par élections ou choisir au sort les ambassadeurs qu'on avait résolu d'envoyer à Vespasien. Et il ajoute qu'il fut arrêté que, suivant l'ancienne coutume « *secundum vetera exempla*, » le sort déciderait (lib. 4).

Les ambassades romaines se composaient généralement de dix ambassadeurs (2). Nous savons cependant que, parfois, les envoyés pour la même affaire étaient au nombre de trois seulement (3). Nous trouvons même qu'un seul légat, Héraclide, de Byzance, fut envoyé à Rome de la part du roi Antiochus (4). Mais c'était là, sans doute, un fait anormal, et il semble, d'après le trait suivant consigné dans Plutarque, qu'on regardait dans l'antiquité comme une chose honorable aux princes de leur en-

____

(1) L'abbé du Resnel. Histoire de l'Acad. des inscriptions et Belles-lettres, t. XII, p. 87.

(2) Tite-Live, XXXIII, 24 « Decem legati more majorum, » XXXVIII, 44, « pars major decem legatorum, » XLV, 37.

(3) XXX, 18, « Trium legatorum consensu, » XXXIX, 33, etc.

(4) XXXVII, 34.

voyer plusieurs ambassadeurs, « économes d'orateurs autant que de paroles. » Les Lacédémoniens avaient envoyé un seul ambassadeur au roi Démétrius, fils d'Antigone ; comme Démétrius s'en irritait et se plaignait de ce manque d'égards envers Sa Majesté Royale, Plutarque nous apprend que le député lui répondit avec le laconisme de son pays : « Un vers un (1). »

Des pouvoirs et instructions. — Les fonctions de l'ambassadeur se basent sur les pouvoirs que lui confère le gouvernement qui l'envoie. Les « *mandata* » que conférait le Sénat romain étaient ou verbaux ou écrits, et il semble que d'assez bonne heure la diplomatie romaine eut accepté l'usage des pouvoirs écrits. Les Achéens s'excusent de n'avoir point admis dans leur Conseil les ambassadeurs que le Sénat leur avait envoyés, et ils expliquent ainsi le motif de leur refus : « Excusabant, re-« citando legem quæ, nisi belli pacisve causa, et quum « legati ad senatum cum litteris aut *scriptis mandatis* ve-« nirent, vetaret indici concilium (2). »

Ces pouvoirs devaient sans doute leur servir de lettres de créance auprès des autorités étrangères (3).

Souvent, l'arrêt du Sénat même (*senatusconsultum*) que les ambassadeurs apportaient tenait lieu de légitimation (4).

Quelquefois, l'envoyé était muni de *pleins-pouvoirs* illimités (*mandata libera*), et on lui laissait ainsi le soin de négocier aux conditions que la prudence lui suggé-

(1) M. Egger, loc. cit., p. 143. Bynkershœck, *de foro competente*, trad. par Barbeyrac, p. 73.
(2) Tite-Live, XXXIX, 33.
(3) M. Ch. Martens. Guide diplomatique, t. I, p. 65, montre que dans certains cas, le plein-pouvoir sert de légitimation. »
(4) Polybe, XVIII, 28. Abbé du Resnel. Hist. de l'acad. cit., p. 60.

rait (1). Dans certains cas, d'une gravité exceptionnelle, les légats, ne prenant pas sur eux-mêmes de trancher une question, recouraient à l'avis du Sénat (2).

Indépendamment de ces pouvoirs, l'ambassadeur romain recevait des instructions particulières, tantôt verbales, tantôt écrites (*litteræ*), qui devaient le guider dans ses négociations (3).

On sait du reste que c'était un règle de la politique romaine qu'un traité n'était valable qu'après avoir reçu l'approbation du Sénat et du peuple (Tite-Live, xxx, 39).

Des droits et prérogatives dont jouissaient les ambassadeurs. — Dans un titre du Digeste, *de legationibus*, consacré aux députés de quelque province ou de quelque ville de l'empire romain, nous trouvons une loi qui concerne les véritables ambassadeurs, et qui nous rappelle les usages républicains et la rigueur avec laquelle le Sénat protégeait les envoyés de ses ennemis.

La personne d'un ambassadeur est sacrée, dit la loi 17, *de legationibus* au Digeste, « sancti habentur legati, » et c'est violer le droit des gens, ajoute-t-elle, que de frapper ou d'insulter le ministre d'une puissance ennemie. « C'est pourquoi, si nous avons chez nous des ambassadeurs de quelque nation, à laquelle nous déclarions la guerre, il a été décidé qu'ils restaient libres. »

Et la loi 7, *Dig.*, *ad legem Juliam de vi publicâ*, proclame qu'on doit poursuivre comme coupables de violence

(1) Tite-Live, XXXVII, 55. « Legatos, quos facere, statuere, quod Republica fideque sua esset : jussos. »

(2) Tite-Live, XL, 17. « Legati posessionis jus non mutârunt; causam integram Romam ad senatum rejecerunt. »

(3) Jul. Capitolin, in Gordian, c. 18 : « Quædam præter litteras secreto esse dicenda. »

publique ceux qui ont maltraité un ambassadeur. Suivant
Cicéron « le droit des ambassadeurs est garanti par
une protection divine et humaine ; et le nom de ce droit
doit être tellement saint et vénérable, qu'il doit être à
l'abri de toute atteinte, non-seulement parmi les alliés,
mais même encore au milieu des traits des ennemis (1).
Tacite et Tite-Live nous parlent aussi de la « sainteté des
ambassades (2). »—« Jam ne a legatis quidem, qui jure
« gentium sancti sint violandis abstinere. » (Tite-Live,
xxxix, 25.)

Il serait inutile, sans doute, d'accumuler ici d'autres
citations pour établir l'inviolabilité et la protection que
l'antiquité romaine assure au caractère de l'ambassadeur. Le savant hollandais Bynkershœck, après avoir
cité les nombreux auteurs qui se sont fort étendus à
faire voir, par les témoignages des écrivains anciens,
que les ambassadeurs étaient des personnes sacrées et
inviolables, leur reproche d'avoir invoqué bien des autorités « pour prouver une chose que personne ne
nie. »

Le jurisconsulte Marcien entend par sacré ce qui est
mis à couvert de toute injure et de toute insulte des
hommes. « Sanctum est, quod ab injuria hominum de-
« fensum atque munitum est (L. 8, Pr. au Dig. lib. l,
« tit. viii). »

Il est vrai qu'un souverain est obligé de protéger et

---

(1) Cic., Verrin., III : « Legatorum jus divino humanoque vallatum
« præsidio, cujus tam sanctum et venerabile nomen esse debet ut, non
« modo inter sociorum jura, sed hostium tela incolumne versetur. » Cf.
Cic., *De Harusp. respons.*, c, 16 : « Sic enim sentio jus legatorum ......
« divino jure vallatum. » Cornel. Nepos, Pelop., c. 5, 1.

(2) Tacite, lib. III, c. 80 : « Sacrum etiam in externas gentes legatorum
« jus et fas. »

de mettre à couvert de violence tout homme qui se trouve dans ses Etats, citoyen ou étranger, mais cette obligation est portée à un plus haut degré envers les ambassadeurs.

L'insulte faite à un particulier est un délit commun qui ne blesse que la société dont il est membre. L'offense commise envers un ambassadeur constitue une offense envers son propre gouvernement, et porte atteinte à la sûreté commune des Etats.

Aussi les Romains voulaient-ils qu'on livrât aux puissances étrangères ceux qui avaient insulté les ambassadeurs qu'elles leur avaient envoyés. C'est ce que nous apprend Pomponius, en suivant l'opinion de Mucius, dans la loi 17 au Digeste, *de legationibus*. Et ce jurisconsulte allègue ensuite un exemple de cette punition (1).

Tite-Live nous montre combien l'inviolabilité des légats était fidèlement observée, quand il expose que le latin Annius, sous la seule sauvegarde du droit des gens, parla d'une manière si franche au Sénat qu'on eût dit « un vainqueur en armes assis au Capitole : » « Annius, tanquam victor armis Capitolium cepisset, non « legatus, *jure gentium tutus*, loqueretur (Tite-Live, « VIII, 5). »

Cette inviolabilité n'est pas seulement réservée au chef de l'ambassade, nous la trouvons garantie expressément à tous les membres de la mission et aux personnes de la suite. Le jurisconsulte Ulpien, au moins, ne fait aucune distinction, lorsqu'en parlant des violences injustes dont on doit mettre les envoyés à couvert, il dit : « que si l'on frappe ou que l'on outrage de quel-

(1) Cet exemple fut suivi par la Cour d'Angleterre en 1027.

que autre manière un ambassadeur ou quelqu'un de sa suite (*comites*), on contrevient à la loi Julia, touchant les violences publiques (Loi 8 au Dig., libr. XLVIII, tit. 6).

En l'année 565 de Rome, L. Minucius Myrtilus et L. Manlius furent livrés aux ambassadeurs carthaginois qu'ils avaient frappés, et emmenés à Carthage. (Tite-Live, xxxviii, 42.)

Ceux qu'on ne livrait pas au gouvernement étranger furent punis selon la loi Julia (1), et les historiens ont plusieurs fois fait mention de guerres entreprises pour cause de mauvais traitements infligés aux ambassadeurs (2).

Le privilége de l'inviolabilité protégeait l'ambassadeur pendant tout le séjour que nécessitait sa mission sur le territoire étranger. Et quelquefois le Sénat romain, voulant mettre fin à tous nouveaux pourparlers, fait avertir les ambassadeurs de quitter Rome et l'Italie dans un délai qui leur est assigné. C'est ainsi qu'il fut signifié aux Etoliens sous le consulat de Cornelius Scipion et de C. Lelius qu'ils aient à sortir de Rome le jour même où ils eurent la réponse du Sénat, et de l'Italie dans le délai de quinze jours : « Ita infecta pace dimissi, urbe eodem die, Italia intra quindecim dies excedere jussi » (Tite-Live, xxxvii, 1) (3).

Si les Romains considéraient l'inviolabilité comme un privilége qui ne protége l'ambassadeur que dans le pays où il est envoyé, ils regardaient comme une violation du droit des gens qu'un prince dressât des embû-

(1) Weiske, Considérations, etc., p. 46.

(2) Grotius, Droit de la guerre, traduct. cit., t. II, p. 352.

(3) Le Sénat de Véies (l'an 349 de Rome) fait ordonner aux ambassadeurs romains de s'éloigner promptement de la ville et des frontières. (T.-L., IV, 58.)

ches aux ambassadeurs d'une autre puissance. Cette règle est exprimée dans le discours des Thessaliens contre Philippe. (Tite-Live, xxxix, 25.)

Exemption de la juridiction. — Nous devons nous demander si le principe généralement admis de nos jours, qui affranchit l'agent diplomatique de la juridiction de l'État auprès duquel il est accrédité, était reconnu dans l'ancienne Rome.

Plusieurs décisions du Digeste nous parlent du juge compétent des *legati*, mais les interprètes les plus autorisés ont depuis longtemps démontré que la législation romaine ne parle point ici des ambassadeurs d'un État étranger, mais bien des députés des provinces et des villes.

Nous devons cependant dire un mot des dispositions de ces lois.

Ulpien, dans la loi 2, § 3, Dig., *de judiciis*, faisant l'énumération des personnes qui, étant assignées devant les juges de Rome, ont le droit de demander leur renvoi devant les tribunaux de leur province, y comprend les *legati*, pour les affaires contractées avant leur ambassade : « Legatis in eo quod ante legationem contraxe-« runt... revocandi domum suam jus datur. » Et la raison de ce privilége est clairement exprimée par les jurisconsultes : c'est qu'autrement les *legati* seraient détournés de leurs fonctions : « ne ab officio suscepto « legationis avocetur » (loi 24, § 2, Dig., *de judiciis*), ou comme il est dit ailleurs cela apporterait de l'empêchement à l'ambassade, « ne impediatur legatio. » (Loi 26, § 2, Dig., même titre.)

Mais on conçoit que cette raison s'appliquerait aussi

bien aux affaires qui ont pris naissance avant l'ambassade qu'à celles qui l'ont suivie. Cependant Ulpien a soin de faire la distinction suivante dans la loi 2, § 4 (Dig., *de judiciis*) : « Tous ceux-ci, dit-il, demandent un renvoi chez eux, à moins qu'ils n'aient contracté dans le lieu où on les appelle en justice ; car s'ils ont contracté là ils n'ont pas droit d'être renvoyés au lieu de leur domicile : « omnes autem isti domum revocant, si non « ibi contraxerunt ubi conveniuntur ; cæterum, si « contraxerunt ibi, revocandi jus non habent. » Et le jurisconsulte ajoute même, par une exception de faveur, qui s'applique aux députés et non point à tous ceux qui ont le droit de demander le *jus revocandi domum*, que « pour le cas où ils auraient contracté dans Rome, pourvu que ce soit avant leur députation, ils ne sont point obligés de s'y défendre en justice pendant tout le temps qu'ils sont députés. C'est le sentiment du jurisconsulte Julien et la décision expresse d'un rescrit d'Antonin le Pieux : « Exceptis legatis, qui licet ubi contraxerunt, dummodo « ante legationem contraxerunt, non compelluntur se « Romæ defendere, quamdiù legationis causa hic de- « morantur. Quod et Julianus scribit et Divus Pius « rescripsit. »

Quel est donc le motif qui fait cesser ce privilége de l'exemption de juridiction à l'égard des affaires contractées pendant le temps même de l'ambassade. Le voici tel qu'il est exprimé par le jurisconsulte Julien dans la loi 25 au Digeste, *de judiciis* : « Si un *legatus*, pendant qu'il est en députation, achète un esclave ou quelque autre chose, ou s'il en a pris possession à tout autre titre, rien n'empêche qu'on ne l'oblige de se défendre en justice contre ceux qui l'attaquent à ce sujet,

« aliter enim potestas dabitur legatis sub hac specie,
« res alienos domúm auferendi (1). »

Ces lois ne parlent que des actions civiles, mais il en
est d'autres qui étendent la même distinction aux ac-
tions criminelles. Le jurisconsulte Paul décide : « que
les *legati* qui se sont rendus·coupables de quelque
délit pendant leur députation sont obligés de répondre
en justice à Rome. » Il en est de même, ajoute-t-il, dans
cette loi 24, § 1, au Digeste, *de judiciis*, pour les délits
que leurs esclaves ont pu commettre. » La loi 12 au
Digeste, *de accusationibus*, dit qu'il n'est pas permis
« d'accuser un *legatus provincialis*, mais que cela s'entend
seulement des crimes qu'il a commis avant d'être envoyé en députation. »

Tels sont les principaux textes qui, d'après certains
auteurs de la fin du xvi⁰ siècle, Albéric Gentil (2) et
Charles Pascal (3) décidaient de la juridiction compé-
tente des ambassadeurs.

Mais Bynkershoeck, après Cujas, Grotius (4) et Wicquefort (5), démontre que ces auteurs ont mal entendu
les lois romaines : « Les *legati*, dit-il (chap. VI, § 9), ou
sont envoyés de la part d'un prince souverain à un
autre prince souverain, soit que celui-ci soit allié ou
ennemi, ou bien ils sont envoyés de la part des provinces et des villes, c'est-à-dire par les sujets mêmes à
leur souverain. Si on lit tous les fragments qui nous

(1) Bynkershœck, trad. cit., p. 60.
(2) Albéric Gentil, *De legationibus*. Oxford, 1585.
(3) Charles Pascal, Legatus. Paris, 1613. Ces deux auteurs sont cités
par Merlin au mot Ministère public.
(4) Grotius, trad. cit., t. II, p. 352.
(5) Wicquefort, L'ambassadeur et ses fonctions. Edit. de La Haye,
1724, t. I, p. 821.

restent des anciens jurisconsultes, tous les rescrits des empereurs qui se trouvent dans les titres du Digeste et du Code *de legattonibus*, on conviendra sans hésiter que tout ce qui est dit là ne doit s'entendre que des députés de quelque province ou de quelque ville de l'empire romain. » Le savant auteur, après avoir reconnu le caractère particulier de la dernière loi du Digeste qui se rapporte aux ambassadeurs des étrangers, ajoute : Si ailleurs (dans les lois romaines), il est parlé par occasion des ambassadeurs, ce n'est guère que de députés..., et la chose est certaine à l'égard de ceux où il s'agit du juge compétent des personnes, à qui le droit romain donne le nom de *legati*. »

La conséquence de tous ces détails est que les lois romaines sont muettes sur la question de compétence de juridiction.

« Le droit des gens a voulu, dit Montesquieu (1), que les princes s'envoyassent des ambassadeurs, et la raison tirée de la nature de la chose n'a pas permis que ces ambassadeurs dépendissent du souverain chez qui ils sont envoyés, ni de ses tribunaux. » Il nous faut recourir aux historiens pour rechercher par les exemples qu'ils nous fournissent, quelle pouvait être, dans l'ancienne Rome, la règle du droit des gens concernant les délits des ambassadeurs.

Juridiction criminelle.—Grotius (2) fait dériver de l'inviolabilité reconnue aux ambassadeurs à Rome, l'exemption de la juridiction criminelle du pays où ces ministres

(1) Montesquieu, Esprit des lois, liv. XXVI, c. xxi.
(2) Grotius, trad. cit., t. II, p. 331.

publics sont accrédités. A l'appui de son affirmation, il cite les témoignages de Tite-Live et de Salluste.

Après l'expulsion des Tarquins, leurs ambassadeurs conspiraient dans Rome, pour le retour de ces princes détrônés; la conspiration fut découverte, et, malgré la complicité notoire des ambassadeurs, Tite-Live nous apprend que la République ne crut pouvoir sévir que contre ses propres citoyens et que le respect du droit des gens l'emporta. « Quamquam visi sunt commisisse ut hostium loco essent, jus tamen gentium valuit. » (T. L. II, 4.)

Le passage de Salluste regarde les gens de la suite de l'ambassade. L'historien romain parle ainsi : « On met en accusation plutôt par des motifs d'équité et de justice qu'en vertu du droit des gens, Bomilcar, qui était de la suite d'un prince venu à Rome, sous la garantie de la foi publique : « Fit reus, magis ex æquo bonoque quam ex jure gentium, Bomilcar, comes ejus, qui Romam fide publica venerat. » (*Bell. jug.*, C. xxxv.)

D'après Grotius (1), Bynkershoeck (2) et Wiquefort (3), Salluste veut dire que le sénat suivit en cela les principes du droit naturel, qui permet de punir le crime partout où on trouve le criminel, plutôt que le droit des gens qui excepte de ces poursuites les ambassadeurs (1).

Peu d'exemples du reste dans les annales de Rome, témoignent d'une infraction à ces principes qui protégeaient les ministres étrangers. Si Tite-Live, dans le passage que nous allons citer, nous parle d'une

(1) Grotius, ibid.

(2) Bynkershoeck, trad. cit., p. 208. Barbeyrac, il est vrai, dans une note sur ce passage, n'admet point cette interprétation. Ibid., p. 208, note 5.

(3) Wicquefort, loc. cit., t. I, p. 821.

punition infligée à un ambassadeur étranger, il atténue lui-même, dans son récit, la portée de cette violation du droit des gens : au plus fort de la deuxième guerre punique, quand Tarente menace de trahir la cause des Romains pour s'unir aux Carthaginois, le Tarentin Philéas, étant à Rome en ambassade, fit sauver de prison quelques otages de Tarente, et s'enfuit avec eux. Poursuivis et ramenés, tous les Tarentins sont mis à mort. Mais l'historien latin lui-même met en doute le caractère de ce ministre public, quand il dit : « Phileas Tarentinus, diu jam per speciem legationis Romæ quum esset. » (Tite-Live, xxv I.) Et M. Egger (1), qui rapporte ce passage, le fait suivre de ce jugement : « regrettable violence, que pourtant excusent le droit douteux de Philéas et l'émotion des Romains, au milieu d'une guerre qui mettait en péril la fortune même de la République. En des temps moins terribles et pour des cas de trahison moins flagrante, *le sénat se contentait de chasser de Rome les députés suspects ou convaincus de quelque manœuvre, ou en général de quelque action contraire au devoir de leur charge.* » Polybe atteste cette coutume des Romains (2).

Nous avons vu ce que fit le sénat de Rome à l'égard des ambassadeurs de Tarquin.

Dious Cassius (3) rapporte également que des ambassadeurs de Carthage ne furent point punis à Rome, pour les actes dont ils s'étaient rendus coupables, mais renvoyés à Carthage.

On peut conclure, il me semble, de tous ces faits que

(1) M. Egger, loc. cit., p. 147.
(2) Polybe, Excerpt. legat. roman., 68.
(3) Cet exemple est cité par Bynkershœck, trad. citée, pp. 216-217.

les Romains considéraient les ambassadeurs reconnus exempts de la juridiction criminelle du lieu où ils exerçaient leur mission. Et si nous voyons les Romains ne point mettre en accusation et ne point punir les ambassadeurs qui se sont rendus coupables de crimes qui attaquent la sûreté générale du pays où ils résident, nous devons conjecturer que, pour crimes de droit commun, ils devaient d'autant moins soumettre à leur juridiction les ministres publics.

Du reste, Cicéron paraît attester en cela l'usage des Romains : Verrès, alors qu'il était ambassadeur à Lampsaque, se rend coupable d'un crime de droit commun. Les habitants de cette ville se contentèrent de le congédier, suivant, dans cette circonstance, *le conseil des Romains* qui se trouvaient chez eux ; ceux-ci leur ayant fait entendre qu'il y avait moins de mal à épargner un coupable qu'à ne pas respecter un ambassadeur, « Levius eorum peccatum fore, si homini scelerato pepercissent, quam si legato non pepercissent » (1).

Les gens de la suite des ambassadeurs jouissaient de ce privilége d'exemption de juridiction criminelle. S'ils ont commis quelque grave délit, on pouvait demander à l'ambassadeur de les livrer. Grotius (2) fait voir par un passage de Pausanias (lib. vii), que, selon l'opinion des Romains, on violait le droit des gens en s'emparant, par la force, de ces personnes.

Juridiction civile. — Nous avons vu que les interprètes étaient d'accord pour reconnaître que les dispositions des lois romaines touchant la juridiction applicable aux

____

(1) Cic., *In Verr.*, lib. I, c. 27. Verrès avait commis un viol.
(2) Grotius, trad. citée, t. II, p. 347.

Legati ne concernaient point les ambassadeurs étrangers. N'ayant plus ici pour nous guider, comme dans les affaires criminelles, le témoignage des historiens, la question laisse place sans doute aux conjectures. « Si on ne peut faire le procès à l'ambassadeur pour crime, dit Wicquefort (1), et particulièrement pour un délit commun, on peut bien moins l'assujettir à la justice du lieu de sa résidence pour une action civile. » Il semble bien résulter en effet de l'idée d'indépendance que les Romains attachaient à la qualité d'ambassadeur, du caractère représentatif qu'ils ont reconnu aux ministres publics, que la juridiction civile du lieu de leur résidence ne leur éta... point applicable. « Il avait emporté avec lui le visage du Sénat, l'autorité de la République, dit Cicéron en parlant d'un ambassadeur : « Senatus faciem secum attulerat, faciem Reipublicæ » (Cic. *Philipp.* viii). C'est la même pensée qu'exprime Denys d'Halicarnasse, quand il dit que « la fonction des ambassadeurs est la plus honorable et la plus sacrée pour les Romains, parce qu'ils représentent celui qui les envoie. » (Denys d'Halic. *Antiq. rom.*, lib. xi, c. 25.)

« Je crois pleinement, dit Grotius (2), qu'il a plu aux nations que la commune coutume qui soumet à la loi du lieu quiconque se trouve sur le territoire d'autrui souffrît exception pour les ambassadeurs, et que, de même que, par une sorte de fiction, ils sont pris pour les personnes de ceux qui les envoient, de même, par une fiction semblable, ils fussent réputés aussi comme étant hors du territoire. » — Et Bynkershoeck,

(1) Wicquefort, loc. cit., t. I, p. 838.
(2) Grotius, t. II, p. 336

après avoir expliqué la restriction que les lois romaines avaient sagement apportée au *jus revocandi domum*, concédé aux *Legati* des provinces (1), atteste bien son sentiment sur la pratique des Romains en ce qui concerne les véritables ambassadeurs quand il dit : « Ces députés d'une province ou d'une ville, n'étaient presque que des procureurs; et cependant, *à l'exemple* des ambassadeurs proprement ainsi nommés, on leur permettait de demander un renvoi en justice au lieu de leur domicile et pour eux seulement avec cette limitation du privilége. »

Nous devons dire, en parlant d'une façon générale des décisions du droit romain, faites pour les députés des provinces, que sans doute plusieurs d'entre elles peuvent s'appliquer aux ambassadeurs, mais que c'est alors par interprétation (2), et non point par application formelle du jurisconsulte, qui n'a point eu en vue les ministres publics.

Hospitium. Lautia. — En général, les négociateurs étaient traités avec de grands égards. Parvenus auprès de Rome, ils donnaient avis au Sénat de leur arrivée,

(1) Bynkershœck, trad. cit., p. 70 : « Oserait-on soutenir qu'il faille laisser à un sujet du même prince un privilége aussi étendu de demander un renvoi par devant les juges du lieu de son domicile, que celui qu'on accorde à un ministre étranger qui n'est point sujet du souverain auquel il est envoyé. »

(2) C'est ainsi que Bynkershœck décide qu'on peut exiger de l'ambassadeur « s'il y a à craindre quelque dommage du côté de sa maison, qu'il s'engage à la réparer ou qu'il mette le voisin en possession. » C'est la loi 28, § 3, Dig., *De judiciis* « Les jurisconsultes Romains, ajoute-t-il, parlent ici des députés de province..... mais, par la même raison, cette règle convient aux ambassadeurs d'un rang plus élevé. Il (Alb. Gentil) ajoute là d'autres choses qu'il applique aussi aux ministres d'une puissance étrangère et dont j'approuverai les unes, les autres non. » Loc. cit., p. 184

qui leur envoyait des députés pour en apprendre la cause. S'ils étaient ambassadeurs des peuples ennemis, on ne leur permettait pas d'entrer dans Rome, de crainte qu'ils ne l'examinassent en espions; on leur donnait un logement hors la ville. « Il leur fut défendu d'entrer dans Rome, dit Tite-Live en parlant des ambassadeurs carthaginois ; un logement leur fut assigné dans une maison de plaisance qui appartenait à la République. » (Tite-Live, xxx, 21) (1).

Les envoyés des peuples fédérés ou amis étaient reçus dans la ville et recevaient l'hospitalité par les soins d'un questeur ou d'un consul (2) .Et quand ils avaient fini leur mission et allaient quitter Rome, nous voyons parfois le Sénat romain recommander aux villes d'Italie qu'ils devaient parcourir de leur faire bon accueil (3). Et même, pour faciliter le retour en Espagne des ambassadeurs de Sagonte, il est décidé que des vaisseaux seront mis à leur disposition, « naves quibus in Hispaniam reverterentur. (T.-L. xxx, 21.)

Les autorités romaines semblent avoir été dans l'usage de faire de nombreux présents aux ambassadeurs étrangers, « Munera ex instituto data utrisque, » dit Tite-Live, en parlant d'une ambassade carthaginoise (4).

---

(1) T.-L., XLV, 23 : les ambassadeurs Rhodiens se plaignent d'avoir été contraints de demeurer hors de Rome comme des ennemis.

(2) Tite-Live nous fournit de nombreux exemples ; nous parlant des envoyés de Massinissa, il dit : « Ad hoc, ædes liberæ, loca, lautia legatis « decreta. » XXX, 17 ; XLII, 6, 19 et 26, etc.

(3) Tite-Live, XXVIII, 39 : « Et petentibus Saguntinis ut, quatenus « tuto possent, Italiam spectatum irent, duces dati, litteræque per oppida « missæ ut Hispanos comiter acciperent. »

(4) Tite-Live, XLII, 24 ; XLV, 20 ; XXX, 17 ; entre autres exemples, l'ambassadeur du roi Antiochus eut, selon Tite-Live, « centum millium « æris munus. » XLII, 6.

Et dans un extrait de son discours pour la loi Aufeia, C. Gracchus, « rappelant l'exemple de l'orateur athénien Démade, dont la Macédoine achetait le silence, semble accuser ses concitoyens de pratiquer ce genre de corruption sur les ambassadeurs des rois étrangers (1).

On sait par Démosthènes (2) que les Athéniens avaient une loi qui défendait, sous peine de mort des ambassadeurs, de recevoir aucun présent, et l'histoire grecque démontre que ce n'était point là une vaine menace.

M. Weiske pense que telle défense n'existait pas à Rome. « Pour deux raisons, dit-il, on peut soutenir que les ambassadeurs pouvaient accepter des présents : 1° parce que les Romains en comblèrent les envoyés étrangers, et 2° que la loi Julia *Repetundarum* (Dig., lib. 48, tit. II) ne parle que de la corruption par des présents en argent » (3). Cependant, Valère Maxime (lib. iv, c. 3) nous apprend que les légats que le Sénat romain avait envoyés à Ptolémée Philadelphe, n'ayant pu se dispenser de recevoir les dons précieux que ce prince leur avait offerts, avant même d'avoir rendu compte de leur négociation, commencèrent par les remettre dans le trésor public » (4).

Des honneurs étaient accordés à la personne ou même à la mémoire des ambassadeurs romains qui s'étaient dignement acquittés de leurs fonctions. Quatre légats romains ayant été mis à mort à Fidènes, par l'ordre de

---

(1) Aulu-Gelle, XI, 10 : Legationes autem a regibus quum putant eos « sua causa relicere, sumptus atque pecunias maximas præbent; item « isti in terra Græcia, etc. » M. Egger, loc. cit., p. 149.

(2) Démosthènes, Discours sur les prévarications de l'ambassade, à la fin de l'exorde.

(3) Weiske, loc. cit., p. 72.

(4) L'abbé du Resnel, Hist. de l'Acad., cit., p. 65.

Tolumnius roi de Veïes (1) des statues leur furent élevées sur la place où était la tribune aux Harangues, et Cicéron nous apprend qu'elles avaient subsisté jusqu'à son temps. (Cic. Philipp., ix.) Le même honneur fut décerné à la mémoire de Cncius Octavius, tué à Laodicée dans le cours de son ambassade. (Cic., ibid.)

Si les ambassadeurs des puissances amies ou alliées venaient à mourir durant leur mission, les questeurs prenaient soin de leurs funérailles et la République en payait les frais (2).

Du cérémonial. — Les ambassadeurs, avant de se présenter devant le Sénat, devaient demander audience (3). Et il n'est pas sans exemple qu'elle ait été refusée. L'an 585 de Rome, les envoyés Rhodiens étant venus justifier leur conduite et féliciter le Sénat romain de la victoire remportée en Macédoine, ne purent obtenir d'être écoutés. C'est dans le *Comitim* que les ambassadeurs étaient obligés d'attendre la réponse du Sénat. « Sub dextra hujus curiæ Hostiliæ, a comitio locus substructus, ubi subsisterent legati, qui ad senatum essent missi. » (Varro, *de ling. lat.* lib. V, c. 33.) Le soin d'introduire les ambassadeurs appartenait au consul (5) ou au *prætor urbanus* (6); or nous voyons, je crois, comme un fait isolé dans l'histoire de Tite-Live, que les légats (7) qui avaient été envoyés pour connaître les différends

(1) Tite-Live, IV, 17 ; XX, 25.
(2) Polybe, Excerpt. legat., 48.
(3) Tite-Live, XLII, 26 ; XXX, 40 ; XLV, 20.
(4) Tite-Live, XLV, 20.
(5) Tite-Live, III, 4 ; XXXII, 8 ; XXXVIII, 43. Polybe, V, 12.
(6) Tite-Live, X, 45 ; XXXIV, 47. Polybe, XXIII, 1.
(7) Tite-Live, XXXIX, 33 (l'an 568 de Rome).

survenus entre les rois Philippe et Eumène et les villes de Thessalie, aient introduit les ambassadeurs des deux rois et des cités.

La guerre ayant été déclarée au roi Persée, ses ambassadeurs ne sont point reçus dans Rome, et c'est dans le temple de Bellone que le Sénat leur donne audience (1).

On ne traitait pas avec les ambassadeurs étrangers que dans le seul mois de février. Les historiens font foi du contraire. Il est seulement vrai que ce mois était consacré à écouter les demandes des députés des provinces. Et, d'après le témoignage de Cicéron, cet usage était religieusement observé.

Mission des ambassadeurs. — Nous trouvons que bien des motifs différents donnaient occasion à l'envoi d'une ambassade. L'an 551 de Rome, le Sénat députe vers Ptolémée, roi d'Egypte, trois ambassadeurs pour lui apprendre la défaite d'Annibal et pour le *remercier* de ce que dans des moments difficiles où des alliés vaincus eux-mêmes avaient abandonné les Romains, il n'avait point changé de sentiments (2). Nous avons des exemples d'ambassades ayant pour but la réconciliation et l'affermissement des amitiés (3), la réalisation de conditions et promesses (4), et Appien nous apprend qu'un peuple étranger ayant eu querelle avec une autre puissance, choisit les Romains pour arbitres et leur demanda l'envoi d'une ambassade (5). Enfin, le Sénat députe des

<hr>

(1) Tite-Live, XLII, 36 ; XXX, 21 ; XXXIII, 24.
(2) Tite-Live, XXXI, 2.
(3) Tite-Live, XLII, 6, 19.
(4) Tite-Live, XXXIX, 33.
(5) Applan., Hist. rom., VIII, 68.

ambassadeurs pour déterminer les conditions de paix et conclure les traités. (Tite-Live, xxxii, 24; xxx, 44.)

Dans l'ancienne Rome, on trouve des cérémonies religieuses à chaque phase de la guerre. C'était une règle du droit fécial « qu'une guerre ne peut être juste, si elle n'a été précédée d'une demande en réparation et si elle n'est régulièrement déclarée, » et nous avons déjà vu que c'était aux féciales qu'appartenait la mission de prononcer ces formules consacrées ; de même, à la cessation des hostilités et à la conclusion du traité, nous voyons intervenir des membres de ce collége sacré. Leur rôle consistait à prononcer les termes sacramentels qui liaient les deux parties contractantes ; à donner la sanction religieuse qui devait rendre inviolable cette convention entre deux peuples. Tite-Live décrit les solennités observées dans les plus anciens traités et met dans la bouche du fécial ces paroles : « Ecoute, Jupiter ; écoute, père patrat du peuple Albain ; écoute aussi, peuple Albain. Le peuple Romain ne violera jamais le premier les conditions et les lois, telles qu'elles sont inscrites sur ces tablettes ou sur cette cire et qu'elles viennent de vous être lues, depuis la première jusqu'à la dernière, sans ruse ni mensonge ; elles sont dès aujourd'hui bien entendues par tous. Ce ne sera pas le peuple Romain qui s'en écartera le premier. S'il arrivait que, par une délibération publique ou d'indignes subterfuges, il les enfreignît, alors, grand Jupiter, frappe le peuple Romain, etc. »

Les cérémonies religieuses de la pacification nous offrent un caractère particulier de stabilité. Ces usages

____

(1) Tite-Live, I, 24, trad. de la collection Nisard. Cf. Polybe, III, 26.

sous les rois de Rome (T. L., 1, xxiv), ces solennités, sont conservés au temps de la République (T. L., xxxviii, 39) et se retrouvent encore sous l'Empire. Pendant le règne de Claude, un citoyen nommé *pater patratus*, sur l'avis des oracles sibyllins, est désigné pour conclure un traité entre Rome et ce qui restait de peuple Laurentin (1).

Parmi les ambassades étrangères envoyées à Rome, nous remarquons celles qui viennent excuser et justifier leur maîtres (2) et demander l'alliance des Romains (3).

Les négociations des ambassadeurs se faisaient verbalement; c'était tantôt le plus âgé de la légation, « maximus natu » (4), tantôt le chef de l'ambassade « princeps legationis » (5), qui prenait la parole. Alors dans le sein du Sénat s'engageaient les débats politiques. L'an 549 de Rome, après qu'Annibal eut été rappelé de l'Italie pour combattre Scipion en Afrique, des ambassadeurs carthaginois arrivent à Rome; audience leur est accordée, et ils demandent la paix au Sénat. « Alors, dit Tite-Live, suivant l'ancien usage, le préteur permit aux membres du Sénat d'adresser aux Carthaginois les questions qu'ils jugeraient à propos; et les vieux sénateurs, qui avaient assisté à la conclusion du traité, les interrogèrent sur divers points » (6).

(1) Inscript. de Pompéi dans Orelli, n. 2276. M. Egger, loc. cit., p. 18.

(2) XXXIX, 24; XLII, 42. « Venerant et a Philippo legati ad purganda ea... » (XXXIX, 24).

(3) XXXIII, 35. Cornelius magnopere ei (Philippo) suasit... ad societatem amicitiamque petendam mitteret Romam legatos. »

(4) Tite-Live, XXVIII, 39; XXIX, 17.

(5) Tite-Live, XLII, 6.

(6) Tite-Live, XXX. 22. « Quum, more tradito, patribus potestatem interrogandi, si quis quid vellet, legatos prætor fecisset, etc.

Les légats d'Antiochus, roi de Syrie, étant venus demander l'alliance de Rome, le Sénat jugea que les negociations seraient longues, et les renvoya pour discuter le traité aux dix ambassadeurs dont une partie avait été ou en Asie, ou auprès de ce prince à Lisimachie (1).

Nous voyons également les sénateurs, après avoir écouté les légats étrangers et les avoir longuement interrogés, discuter entre eux la question qui leur était soumise; quelquefois les discussions y étaient assez vives et duraient même plusieurs jours (2).

Fin de la mission. — Quand les ambassadeurs avaient accompli leur mandat, le sénat les congédiait. « *Legationibus dimissis,* » (3) dit Tite-Live, en parlant des ambassadeur du roi Persée; c'est le mot technique dont se sert l'historien en maint autre passage (4).

LES AMBASSADEURS SOUS L'EMPIRE.

Sous l'Empire comme au temps de la République, il est

(1) Tite-Live, XXXIV, 57. C'est dans cette conférence diplomatique que Tite-Live fait dire à Menippus, l'un des plénipotentiaires du roi de Syrie, qu'il y a trois espèces d'alliances entre les peuples : l'une, celle qu'un vainqueur impose au vaincu sous des conditions inégales ; la seconde, celle qui termine une guerre où les avantages s'étant balancés de part et d'autre, l'un ne dicte point la loi à l'autre ; la troisième, celle que deux peuples qui n'ont jamais été ennemis concluent pour resserrer des relations d'égal à égal.

(2) Les Italiens avaient envoyé des ambassadeurs au Sénat pour demander la paix (190 av. J.-C.). « Præsentes interrogationibus, dit Tite-Live, indique Senatorum... fatigati sunt, et excedere curia jussi, magnum certamen præbuere. Per aliquot diesquum certatum esset.» (XXXVII, 1).

(3) Tite-Live, XLII, 15.

(4) Tite-Live, XXXVIII, 1. « Ita infecto pace *dimissi,* » en parlant des ambassadeurs italiens. Et après le récit de cette mémorable séance du Sénat où le Latin Annius parla avec tant de violence, nous lisons : « Torquatus, missus ab senatu ad dimittendos legatos. » (lib. VIII, 6.)

souvent question d'ambassades et d'ambassadeurs (*legati*, *legatio*) ; mais si les mots restent les mêmes, le rôle de ces ministres publics a changé. Les ambassades ne sont plus ce qu'elles étaient autrefois : « la délégation d'autant de nations indépendantes discutant librement sur leurs intérêts ou sur leur dignité » (1). Elles viennent à Rome auprès de l'empereur, qui est leur prince, solliciter une faveur ou lui rendre leurs hommages. Avec la constitution des provinces cessent presque toutes relations internationales, et on ne trouve rien ou presque rien qui ne soit Romain d'un bout à l'autre du monde connu.

« Romanæ spatium est urbis et orbis idem » (2) ; et après constitution de Caracalla, Sidoine Apollinaire pouvait écrire : « Les barbares seuls et les esclaves sont étrangers dans cette cité unique de l'univers entier » (3). En dehors de cette immense unité, de ce vaste gouvernement, il n'y avait donc plus que les nations barbares; c'est avec elles seulement que nous voyons l'Empire conclure des traités, échanger de véritables ambassadeurs.

Un titre de Digeste (4) et un titre du Code de Justinien (5) qui contiennent le résumé d'actes législatifs, remontant aux premiers Césars et descendant jusqu'au temps de la décadence, sont consacrés aux ambassades.

(1) M. Egger, loc. cit., p. 180.
(2) Ovide. Fastes, II, 681.
(3) Epist. I, 5.
M. Laurent, loc. cit., t. III, p. 287. — « Caracalla fit citoyens Romains tous les hommes qui, au jour de la promulgation de sa constitution, habitaient l'Empire. » M. Demangeat. Histoire de la condition civile des étrangers en France, p. 3.
(4) Lib. L, au Digeste, tit. VII.
(5) Lib. X, au Code, tit. 63.

Nous voyons ces lois décider combien on peut envoyer d'ambassadeurs; à qui cette fonction peut être déférée; quels sont ceux qui en sont exclus et qui en sont excusés? La jurisprudence détermine aussi avec précision quelles sont leurs obligations, leurs priviléges, et leur fixe une rétribution. Si nous passons ces dispositions en revue, nous verrons que ces envoyés ne sont pas des ambassadeurs dans la véritable acception du mot, mais des députés des provinces ou des villes (1).

On voit Vespasien, dans l'intérêt du trésor public sans doute (2), défendre aux villes de l'Empire d'envoyer à la fois plus de trois ambassadeurs. (Loi 6, § 4 du Dig., *de legationibus*). Plus tard, on en viendra jusqu'à décider dans quel cas les villes seront autorisées à envoyer des députations à Rome ou à Constantinople. Théodose et ses fils, par deux rescrits, dont l'un est adressé au gouverneur de l'Illyrie et le second à celui d'Égypte, ordonnent que, sous la responsabilité du préfet, une instruction préalable, puis un jugement de la curie, décide si l'affaire mérite d'être soumise à l'empereur. (Lois 5 et 6 du Code Just., lib. X, tit 63, *de Legationibus.*)

Ces ambassades sont devenues des charges municipales de la curie que chacun devait remplir à son tour. Cependant, si la députation, par l'importance de son objet, exigeait que des personnes de haute naissance la

(1) « On y voit clairement ce que sont devenus les ambassadeurs qu'il serait juste d'appeler dès lors en français de simples députés. » M. Egger, loc. cit. 106.

(2) « Legati quoque qui ad sacrarium principis mittuntur, quia viaticum quod legatum licitur, interdum solent accipere. » (Loi 18, § 12, Dig. De muner. et honor.).

remplissent, l'empereur Adrien, par un rescrit adressé aux habitants de Clazomène, a décidé que l'ordre de nomination pouvait ne pas être observé. (Loi 4, § 5 du Dig., *de Legationibus.*)

Des exemples nous montrent que les citoyens étaient assez disposés à se soustraire à ces fonctions plutôt qu'à les rechercher. Une inscription d'Acrœphies (1) mentionne une assemblée de Grecs réunis pour choisir qui portera les hommages au successeur de Tibère. Chacun se tait ou allègue des excuses, et il n'est de remercîments qu'on adresse à un certain Epaminondas quand il offre d'accomplir gratuitement cet onéreux voyage.

Les empereurs Antonin et Sévère décident qu'un député qui aurait rempli ses fonctions sera dispensé pendant deux ans de toute autre légation. « Legatione « functis, biennii vacatio conceditur, nec interest utrum « legatio in Urbe an in provincia agentibus nobis mandata « sit » (loi 8, § 1, Dig., *de legat.* (2). Mais les députés venant d'outre-mer à cause de l'éloignement du prince auprès duquel ils avaient à se rendre jouissaient de plus grandes immunités; ils n'étaient pas seulement exempts, pendant deux ans d'une autre députation, mais encore de tous autres emplois (loi 3 au Code *de legat.*).

Nous voyons plusieurs questions, relatives aux exemptions de cette charge, résolues par les jurisconsultes. C'est ainsi que Papinien décide que celui qui volontairement remplit pour un autre les fonctions de député n'est point dispensé de s'en acquitter, pour lui-même, quand son tour arrivera; que lorsqu'un fils remplit les

______

(1) Keil. Inscript. Bœot., n. XXXI. M. Egger, loc. cit., p. 194, analyse ainsi ce document.

(2) Cf. Loi 8, pr. au Dig. *De legat.;* et la loi 12 au Dig., lib. II., tit. 5.

fonctions de député pour son père, la vacance doit profiter au père, et non point au fils (loi 13 et 7 au Dig.,
de legat.). Nous savons que c'était un devoir pour le
député de remplir lui-même cette charge, et s'il pouvait se faire remplacer, ce n'était que par ses enfants.
(loi 4, § 5 au Dig., *de legat.*)

La loi romaine faisait une obligation aux députés
de ne s'occuper que des choses de leur mission. « Celui
qui s'acquitte d'une députation, dit le jurisconsulte
Paul, ne doit pas, pendant qu'il en remplit les fonctions,
intervenir dans les affaires d'autrui, ni s'occuper des
siennes propres : « Paulus respondit, eum qui legatione
« fungitur, neque alienis, neque propriis negotiis se in-
« terponere debere » (Loi 8, § 2, au Dig., *de legat.*). Mais
le même jurisconsulte a soin d'ajouter dans une loi suivante qu'il aura le droit d'intenter les actions en réparation de dommages ou d'injures : « Legatus ... in rem
« suam nihil agere potest, exceptis his quæ ad injuriam
« ejus vel damnum parata sunt. » (Loi 10 au Dig., *de
legat.* et loi 2, § 5 au Dig. lib. V, tit. 1) (1).

Les députés considérés comme absents, pour le service
de la République avaient ce privilége de ne pouvoir être
actionnés, pendant le temps de leur députation ; c'est
pourquoi dit le jurisconsulte Scœvola, le temps utile de
la députation se compte du jour de la nomination du
député, et non de celui où il est arrivé à Rome (loi 5 et
loi 16, § 1 au Dig., *de legat.*)

Nous avons déjà dit plus haut en quoi consistait leur
privilége du « jus revocandi domum » (Lib. V au Dig.,
tit. 1).

(1) Bynkershœck, trad. cit., p. 63.

Enfin nous savons que les députés recevaient, pour frais et dépenses de voyage, une rétribution pécuniaire que les jurisconsultes appellent « legativum. » (loi 2, § 3 au Dig., *de legat.*)

Tous ces *legati* dont nous parlent les lois romaines ne sont donc bien que des « ambassadeurs municipaux, » de véritables fonctionnaires d'un même Etat. Du reste, leur caractère se reflète encore avec évidence dans le rôle qu'ils ont à remplir. Des députations viennent à Rome provoquer un rescrit sur quelque difficultés que n'a pu trancher le gouverneur de la province, ou solliciter quelque faveur. Tantôt elles demandent un secours du fisc pour la reconstruction ou la réparation d'un édifice (1). Tantôt elles sollicitent le titre de métropole, qui leur donnait une sorte de suprématie sur les villes voisines. Quelquefois elles réclament des secours après un grand désastre, comme ces tremblements de terre qui dévastaient si souvent l'Asie mineure (2); souvent aussi elles n'avaient d'autre objet que d'accomplir un devoir de bienséance et de respect envers le prince, lors de son avénement au trône ou lorsqu'un événement heureux ou malheureux arrivait dans sa famille. On sait la réponse que fit Tibère aux ambassadeurs d'Ilium, qui étaient venus un an après la mort de Drusus, lui témoigner la part qu'ils prenaient à sa douleur (3). Il arrivait même que les villes obtenaient la faveur de se dispenser de ces actes de pur cérémonial par l'envoi d'un décret;

(1) Corp. inscript. græc., n. 447. M. Egger, loc. cit., 191-193.
(2) Aristide, Dic. XLI cité par M. Egger, p. 192 et 214.
(3) Suétone. Vie de Tibère, c. LII. « Se quoquerespondit, vicem eorum dolore quod egregium civem Hectorem amisissent. »

c'est ce que nous apprend la correspondance officielle de Trajan et de Pline (1).

Dès les premiers siècles de l'ère chrétienne, les députations deviennent si nombreuses, que l'on trouve un
secrétaire d'empereur, qui cumule avec d'autres titres
celui de « préposé au service des députations » « ἐπὶ τῶν
πρεσβειῶν » (2). Et sous Justinien Petrus Magister remplit
ces importantes fonctions.

Cependant à la fin de tous ces extraits des lois romaines que nous avons analysés, et qui concernent la société
du temps de l'Empire, nous trouvons un texte législatif
qui nous ramène au véritable sujet de notre étude, aux
ambassadeurs des peuples étrangers: c'est la loi 17 au
Dig. *de legationibus*.

Cette loi, que nous avons expliquée déjà, consacre au
profit des ministres publics leur principale prérogative,
l'inviolabilité; c'est qu'en effet si, dans cette période de
l'organisation politique de Rome, les ambassades sont
des événements rares, les historiens cependant en citent encore plusieurs, et à leur égard, on devait faire
sans doute l'application des règles du droit des gens.

Ainsi, voyons-nous arriver à Rome les *legati* des Ar-
méniens ou des Parthes qui résistent aux armes romaines (3). Et Pline l'ancien donne des détails curieux

(1) Pour faire complimenter le gouverneur de la Mœsie, les Byzantins
avaient à dépenser trois mille drachmes. Trajan approuva son ami de
les avoir autorisés à remplacer l'ambassade par l'envoi d'un simple décret. Plinii Epist. X, 52, 53.

(2) Ces mots, nous dit Egger à qui nous empruntons ces détails, semblent indiquer un ministère des affaires étrangères; mais il n'en est
rien, au moins pour cette époque. Loc. cit., p. 191.

(3) Testament politique d'Auguste ou monument d'Ancyre, 5e colonne
du texte latin. M. Egger, loc. cit., p. 189,

sur l'ambassade adressée à l'empereur Claude, par un roi de Trapobane : « Sollicitatus ad amicitiam », dit l'auteur latin en parlant du roi de cette île, « legatos « quatuor misit, principe eorum Rachia » (1).

De même, des ambassadeurs romains sont envoyés auprès des peuples barbares, et il nous est parvenu le récit de plusieurs de ces ambassades, fait par le négociateur lui-même. Nous pouvons citer, sous Honorius, l'ambassade chez les Huns, qui fut accomplie et racontée par le poëte et historien Olympiodore. Sous Théodose le jeune le rhéteur Priscus, choisi comme assesseur par le négociateur Maximin, pour plusieurs ambassades auprès de nations voisines, a rendu compte de ces différentes missions (2).

Enfin Petrus Magister, célèbre diplomate, que l'empereur Justinien avait chargé d'une négociation difficile auprès de Chosroès, roi des Perses, s'était plu à rédiger longuement le récit de son ambassade.

Dans les extraits que nous a donnés l'historien Ménandre du livre de Petrus Magister, on trouve des détails sur les longs pourparlers qui ont eu lieu entre le roi Sassanide et l'ambassadeur byzantin, ainsi que le texte du traité entre les deux peuples rivaux. L'historien tait mention de l'emploi de douze interprètes, dont six de chaque nation pour le service des deux ambassades; de la double rédaction et de la double traduction du texte de l'alliance (3).

---

(1) Pline l'ancien. (Hist. natur., VI, 24.)

(2) La relation de la célèbre ambassade auprès d'Attila a été conservée dans l'*extrait des ambassades*. M. C. Müller. t. IV, p. 69 et suiv. des *Fragments histor. Græcorum*, édit. F. Didot. — M. Egger, loc. cit., p. 219.

(3) M. Egger analyse ce traité, loc. cit., p. 221.

Telles sont les notions que nous avons pu recueillir sur les ambassades des Romains, dans les deux grandes périodes de leur histoire politique; nous avons relevé les lois qui leur sont applicables et qui font partie de ces règles de conduite, que l'ancienne Rome, surtout pendant la période de conquête, observait vis-à-vis des autres États et auxquelles plusieurs auteurs, après les écrivains anciens eux-mêmes, ont donné le nom de *droit des gens.*

DROIT FRANÇAIS

DES CONSULATS

DE L'ORIGINE DES CONSULATS EN PAYS ÉTRANGER. — DE L'INSTITUTION CONSULAIRE FRANÇAISE DEPUIS LE XII⁰ SIÈCLE JUSQU'A L'ORDONNANCE DE LA MARINE DE 1681.

Les consuls, dit M. de Flassan, sont en France, ainsi que dans beaucoup de pays d'Europe, les agents du souverain destinés à protéger, dans l'étranger, les intérêts et la personne de ceux de ses sujets voués au commerce (1). Et M. de Talleyrand, donnant plus de déve-

(1) De Flassan. Histoire raisonnée de la diplomatie française, Paris, 1811, t. VII, p. 36.

Les Consuls sont ainsi nommés « a consulendo, » comme on dit « rex a regendo, imperator ab imperando; » cette étymologie indique les devoirs qu'ils sont tenus de remplir. *Consulere* signifie conseiller, juger, soigner des intérêts.

Glossaire nautique : Bas lat. Cat. fr., angl., esp., port. (du lat.) (Grec mod. προξένος, Κονσόλος; ital., *console*; lang. anc., *cossol*; turc, *quonsolos*, Βαίλος).

loppement à la même pensée, s'est exprimé de la manière suivante dans l'éloge qu'il a fait du comte Reinhart :

« Les attributions d'un consul sont d'un genre tout différent de celles des autres employés des affaires étrangères. « Les consuls sont dans le cas d'exercer dans l'étendue de leur arrondissement, vis-à-vis de leurs compatriotes, les fonctions de juges, d'arbitres, de conciliateurs, souvent ils sont officiers de l'État civil ; ils remplissent l'emploi de notaires, quelquefois celui d'administrateurs de la marine.

« Ils surveillent et constatent l'état sanitaire ; ce sont eux qui par leurs relations habituelles peuvent donner une idée juste et complète de la situation du commerce, de la navigation et de l'industrie particulière au pays de leur résidence (1). »

Cette mission donne lieu, comme on le voit, à une grande diversité d'attributions. C'est une institution marquée en même temps d'une singularité ; elle nous donne l'exemple d'une magistrature publique d'un pays s'exerçant à l'étranger.

On conçoit dès lors que la création des consulats, dont l'objet est la sûreté et la police du commerce des nations les unes chez les autres, dut dépendre, comme elle dépendra toujours, d'un accord intervenu entre les souverains respectifs. La faculté du commerce accordée dans un pays, avec ou sans restriction, n'emporterait pas le droit d'établir des consuls sans une clause spéciale, car il est de principe que toute juri-

(1) Académie des sciences morales et politiques, 1838, t. II, 2ᵉ série.

diction émane de celui qui dans l'Etat jouit de la souveraineté (1).

Avant de traiter de la première organisation de nos consulats français à l'étranger, nous devons parler de l'origine même de cette institution.

L'institution consulaire doit se rattacher évidemment et peut être comparée aux magistratures qui dans l'antiquité se trouvaient préposées à la protection des étrangers et aux jugements de leurs différends (2). Et si plusieurs auteurs regardent les consulats comme le fruit des Croisades, c'est sans doute parce qu'ils nous apparaissent à cette époque seulement avec une organisation permanente et dans une forme rapprochée de sa forme actuelle.

(1) De Ponqueville. Mém. historique et diplomatique sur le commerce et les établissement français au Levant. Acad. des Inscriptions, t. X, p. 336.

(2) MM. de Clerq et de Vallat, Guide pratique des consulats, t. I, p. 1. — M. Demangeat. Histoire de la condition civile des étrangers en France, p. 178. « Chez les peuples les plus anciens, entre autres chez les Egyptiens et chez les Grecs, nous trouvons des institutions qui sont l'ébauche des consulats, tels que nous les voyons établis aujourd'hui. »

ÉGYPTE.

Les premières traces d'une institution protectrice du commerce et de la navigation des étrangers chez les peuples anciens, d'après MM. Pardessus (1) et Miltitz (2), se trouvent en Égypte (3). M. de Pouqueville, plus explicite, n'hésite pas à reconnaître un point de ressemblance entre les priviléges que les derniers Pharaons accordèrent à la nation grecque et nos consulats.

Le savant auteur du « Mémoire sur les établissements français au Levant.... » s'exprime ainsi : « Si l'Égypte eut avant les Hellènes la gloire d'accorder aux navigateurs étrangers la faculté de choisir entre eux et d'établir des magistrats, investis du pouvoir de juger les différends de leurs nationaux suivant leurs lois particulières; il paraît que ces sages n'étendirent par leur prévoyance plus loin relativement au droit de la mer. Mais ils posèrent le principe de l'*institution consulaire*, que les modernes ont répandu dans les deux hémisphères, et dont la législation française a porté la perfection au plus haut degré. » M. Ulrichs, de même, assimile ces juges à des consuls commerciaux institués pour la pro-

(1) Pardessus, *loc. cit.*, t. I, introd. XXIX, p. 21 et 22.
(2) Miltitz. Manuel des consuls, p. 9.
(3) Cependant, l'institution dont nous nous occupons date du vi^e siècle avant notre ère ; et M. Tissot, comme nous le verrons plus loin, trouve des proxènes Grecs avant cette époque.

tection du commerce des Grecs en Egypte (1). « προστατι
« tanquam consules, ad commercii rationes tuendas
« constituti sunt. » Ces auteurs cependant ne nous ont
transmis qu'une affirmation sans commentaire.

Ces magistrats sont appelés par Hérodote «προστατι του
« εμποριου. » « Les prostates du marché » c'est-à-dire
« les préposés aux affaires commerciales, (2) »et datent
du règne d'Amasis (571-527 avant Jésus-Christ).

Déjà, il est vrai, vers le milieu du VII* siècle avant
notre ère, nous voyons l'sammitichus permettre au
Ioniens et aux Cariens, dont la valeur avait contribué à
le délivrer de ses rivaux (3), de fonder des colonies le
long de la branche Pélusiaque; et des terrains situés au
voisinage de la mer, un peu au-dessus de Bubastis sont
accordés par ce prince à ses fidèles alliés. — Hérodote
prend soin de nous apprendre qu'avant cette époque
« ni les Grecs, ni aucun autre peuple étranger n'avaient
été admis à former un établissement en Egypte (4); »
mais, il ne donne aucun détail sur l'étendue de ces
concessions.

Nous savons seulement que les habitations for-

(1) M. Ulrichs, traduit de l'allemand par M. Baehr, dans sa note sur
le § 178, liv. II d'Hérodote. (Hérod.. édit. Baehr, Leipzig, 1859, 4 vol.)

(2) M. Talbot. Note sur la traduction de Pierre Saliat au § 178, liv. II,
et M. Lumbroso. Econ. politique de Egyptiens sous les Lagides, p. 223.

(3) J. Barbeyrac (Histoire des anciens traités. La Haye, 1700-1720, 2 vol.),
place, en l'an 670 avant J.-C., un traité entre Psammétique et les Ioniens
et les Cariens, par lequel ceux-ci consentent à prendre le parti de ce
roi d'Egypte contre les deux rois ses collègues.

(4) Hérod., II, 154. M. Letronne. Acad. des Inscrip. et Belles-Lettres,
t. XVII. Mém. sur la civilisation égyptienne depuis l'établissement des
Grecs sous Psammitichus jusqu'à la conquête d'Alexandre, p. 8. —
M. Raoul Rochette (Histoire des colonies grecques), dit qu'on peut dou-
ter de la vérité de cette assertion dans toute l'étendue que lui donne
Hérodote en ce qui ne concerne pas les établissements formés par les
Grecs, t. III, p. 165. — Cf. Lumbroso, loc. cit., p. 60.

mées par les Ioniens et les Cariens s'appellaient στρατο-
πιδα ou « camps » (1). Et que c'est par ces étrangers
que la langue grecque fut enseignée aux jeunes Égyptiens, qui plus tard formèrent la classe des interprètes.

Ce fut sous le règne d'Amasis que les relations commerciales intérieures de l'Egypte prirent un grand
développement. Ce prince, « ami déclaré des Grecs, »
concéda à tous les Hellènes qui voudraient se fixer en
Egypte le port de Naucratis, sur la branche Canopique,
et assigner à ceux que le commerce seul attirait, différents lieux où ils purent élever des temples et des autels pour les cérémonies de leur culte.

Hérodote, dans un paragraphe qu'il est important de
transcrire, mentionne ces différents priviléges et nomme
les magistrats dont nous nous occupons.

« Amasis, dit l'historien grec (2), avait pris les Grecs
en affection et leur en donna différentes preuves ; entre autres, il concéda la ville de Naucrate (Ναυκρατιν
πολιν) (3) pour demeure aux Grecs qui désiraient se fixer
en Egypte. Quant à ceux qui ne voulurent point y
transporter leur habitation, mais que le commerce ma-

(1) Le mot στρατοπιδον fut donné plusieurs fois en Egypte a des lieux
où s'étaient établis des étrangers. Un quartier de Memphis, habité par
les Tyriens, se nommait le camp des Tyriens, Τυριων στρατοπιδον (Hérodote, II. 112); plus tard, un canton du Delta, où les Ptolémées avaient
permis à des juifs de s'établir, prit le nom de *camp des Juifs*, dénomination qui subsiste dans l'itinéraire d'Antonin sous les noms de *Castra* et
et *Vicus Judrorum*. Letronne. Inscript. grec et lat. de l'Egypte, t. I, p. 10,
Wesseling, adnot. sur le § 172, liv. II. Hérod., édit. Schweighœuser).
— Jomard. Recueil d'observations et mém. sur l'Egypte, t. IV.

(2) Hérodote, II, 178. Traductions de M. Miot, 1822.

(3) La fondation de Naucratis, d'après la narration suivie par Strabon
et Eustathe, serait due à une colonie Milésienne et daterait du règne de
Psammitichus. — Raoul-Rochette, loc. cit., t. III, p. 365. — M. Letronne
dans son « Mémoire sur la civilisation égyptienne, » dit qu'on a lieu
« de présumer, d'après le texte d'Hérodote, que le nom grec de Naucratis,

ritime y amenait, il leur assigna des terrains où ils purent élever des autels et des enceintes sacrées pour le culte de leurs Dieux. Le monument de ce genre le plus célèbre et en même temps le plus somptueux est le temple qui porte le nom d'*Hellenium*. Les villes qui ont contribué en commun à la dépense de sa construction sont pour les Ioniens celles de Chio, de Téos, de Phocée et de Clazomène; pour les Doriens celles de Rhodes, de Cnide, d'Hallicarnasse et de Phasélis; et pour les Eoliens, celle de Mitylène seule. Le temple appartient à ces villes; ce sont elles aussi qui fournissent les *chefs des comptoirs de commerce en Egypte* (1) προστατας του εμποριου. Les autres villes de la Grèce qui veulent réclamer ces divers priviléges en leur faveur n'en ont pas le droit, et leur prétention n'est pas fondée, à l'exception des Eginètes, des Samiens et des Milésiens qui ont élevé pour leur compte, les premiers un temple à Jupiter, les seconds un à Junon et les derniers un à Apollon. »

Quelles pouvaient être, d'une façon précise, les fonctions de ces magistrats ? Jusqu'où s'étendaient leurs attributions.? Mes recherches n'ont pu me fournir que peu d'éclaircissement sur cette difficile question.

cache quelque nom égyptien d'une ville déjà existante. » Ce nom Naucratis est tout à fait grec, il est vrai, ναυσι κρατιν, vaincre ou dominer sur mer. « Mais les Grecs avaient l'usage de dénaturer ceux des noms étrangers qui pouvaient, par un léger changement, être amenés à des racines de leur langue. » Acad. des Inscript. et Belles-Lettres, t. XVII.

(1) « Τουτων μεν εστι τουτο το τεμενος και προστατας του εμποριου ειναι αι πολιες αιδε αι παρεχουσαι. » La traduction de M. Heeren sur ce passage ne diffère en aucun point de celle de M. Miot. Heeren, Idées sur le commerce et la politique des principaux peuples de l'antiquité (trad. de l'allemand par Suckan, 1830), t. VI, p. 421.—Saliat, dans sa traduction, rendait ainsi ce passage : « Ce grand temple était commun à toutes ces villes, lesquelles avaient privilége de commettre et établir gouverneurs, maires et juges, *sur le fondigue* et sur tout le trafic de Naucratis. » Saliat Pierre annoté par M. Talbot, 2 vol., au § 178, II.

Le mot προστατης n'exprime par lui-même que l'idée de supériorité (1); il signifie proprement chef, protecteur, et il est employé assez souvent dans cette acception primitive (2).

C'est un mot vague, nous dit M. Letronne, dont le sens ne peut être déterminé que par le complément qui l'accompagne (3).

C'est ainsi que, dans les inscriptions grecques, nous le voyons souvent signifier l'intendant d'un temple comme sur un propylon Égyptien « προστατης Τριφιδος και Πανος. » (4) Le président d'une confrérie « Παπιας προστατης της συνοδου » (5); le président d'une assemblée « προστατευοντες της εκκλεσιας » (6).

(1) M. Egger. Des mots qui dans la langue grecque expriment le commandement et la supériorité. Acad. des Inscript., comptes rendus, 1870, p. 222.

(2) De Sainte-Croix donne un exemple puisé dans la Rhétorique d'Aristote. Acad. des Inscrip., t. XLVIII. Mém. sur le Métœques à Athènes. — Ph. Le Bas, *Voyage archéologique*, § V, p. 23, dit, d'après Polybe, « que l'année 215 Philippe avait été choisi par tous les Crétois comme *protecteur de leurs intérêts communs* » προστατης της νησου. (Polybe, VII, 22).

Budœus nous donne une longue énumération de ses équivalents latin : Lexique grec, édit 1831. « προστατης, præses, præfectus, præsul, author et dux, assertor, qui adest, dignitate præditus, vindex, procurator, επιμελιτης, propugnator auxiliator, tutor, etc. »

(3) Letronne, Inscript. cit., n. 155.

(4) « Prostate des temples de Triphis et de Pan, » inscription appartenant au règne de Trajan. — Letronne, Inscript. gr. et lat. de l'Egypte, p. 114. M. Letronne, dans ce passage, donne plusieurs exemples où le mot προστατης exprime l'idée d'intendant, d'administrateur. Du même auteur, cf. les recherches pour servir à l'histoire d'Egypte, p. 214 et 282.

(5) Letronne, Inscript. gr. et lat., n. 32. « *Papias étant postate du synode*, » inscription découverte dans l'île de Dionysos, près des Cataractes, sous le règne d'Évergete II; ce synode est la réunion des membres de la corporation des Basilistes. Cf. προστατης της συμμεριας dans Spon Miscell, p. 321, et Bœckh, Corpus Inscript., n. 3065, 3066, προστατης της Εχινου συμμεριας, son commentaire sur la συμμερια.

(6) M. Rangabé. Antiq. Hell., n. 748. « *étaient présidents de l'Assemblée.* » Décret des habitants d'Hypate, ville de Thessalie. Voy. pour les confré-

Et dans les nombreuses inscriptions découvertes récemment à Delphes, contenant des actes d'affranchissement d'esclaves, le *prostate* est quelquefois le *garant* des conditions de la vente, mais plus généralement ce titre désigne « le défenseur ou l'avocat du sanctuaire » (1).

Hérodote est le seul écrivain grec, croyons-nous, qui nous parle de ces *prostates* du marché. Nous ne les trouvons plus sous les Lagides. Du moins les inscriptions d'Egypte et les papyrus (2) que nous avons pu consulter n'en font pas mention. M. Lumbroso (3) conjecture cependant qu'à cette époque cette magistrature devait encore exister à Naucratis, sauf peut-être un changement dans le droit de dénomination ; cette ville en effet, après l'arrivée d'Alexandre, semble avoir eu le privilége de conserver l'organisation particulière que lui avaient appliquée les Grecs sous Amasis.

rences ou synodes et les assemblées des confréries, A. Maury, Histoire des religions de la Grèce, ant. t. II, p. 420.

(1) MM. Foucart et Wescher ont retrouvé 432 inscriptions inédites contenant des actes d'affranchissement ; toutes appartiennent au commencement du iie siècle avant l'ère chrétienne. — Foucart. Mém. sur l'affranchissement des esclaves, en forme de vente à une divinité, d'après les inscriptions de Delphes, 1867, pages 10 et 21, ὁ προστάτης, ou αἱ προστάται figurent parmi les témoins de la vente ; « le titre complet est προστάτης τοῦ ιροῦ (n° 68) ; il semble avoir été chargé de protéger les biens du Dieu et de défendre ses droits devant les tribunaux. » Cf. Journal des savants, 1867, art. de M. Beulé sur ce mémoire. — Cf. Curtius, Anecd. Delph., in tit. 36 : *fidejussor ὁ προστάτης videtur dici.* » — M. Ranghabé, Ant. Hel., 203, note.

(2) Papyrus du Louvre, Ed. Letronne, Brunet de Presle et Egger, 1866. Pap. Taurin. Mus. ægypt. d'Am. Peyron, 1826. — Pap. de Leyde, édit. Lœmans, 1843.

(3) G. Lumbroso. Recherches sur l'écon. polit. de l'Egypte sous les Lagides, œuvre couronnée par l'Acad. des Inscript., Turin, 1870, p. 223.

MM. Wesseling (1) et Baehr (2) croient, selon toute vrai-
semblance, que comme nos consuls au moyen âge, les
prostates grecs étaient chargés de veiller aux intérêts
des négociants commerçant en Egypte et d'être les arbitres de leurs procès : « προστάται videntur fuisse qui
« negotiatorum rebus adtenderent et arbitri essent
« litium (3).»

Les fonctions des προστάται τιυ εμποριου ne seraient donc
pas sans analogie avec les επίμελητχι του εμποριου d'Athènes,
et Wesseling rapproche ces deux magistrats (4). Nous
savons, en effet, que dix magistrats athéniens επιμελητχι
του εμποριου, choisis par le sort, étaient chargés de la
surveillance des marchés (5).

Mais nous ferons observer que chacune de ces deux
institutions nous présente un caractère différent, tandis
que les épimilètes d'Athènes sont des magistrats grecs,
accomplissant leurs fonctions sur le sol de la Grèce;
les *prostates* de Naucratis sont des magistrats grecs exerçant une magistrature au profit de leurs nationaux,
dans un pays étranger, pour une concession du roi de
ce pays; et J. Barbeyrac met au nombre des traités anciens le privilége concédé aux Grecs par Amasis d'établir des établissements commerciaux en Egypte (6).

(1) Wesseling. *Adnotationes* liv. II, d'Hérodote, édit. Schweighœuser.
(2) Baehr. Note sur le § 178, liv. II d'Hérodote. Leipzig, 1859.
(3) MM. Pastoret. Histoire de la législation, t. II, p. 211, et Pardessus,
loc. cit., t. I, introd. XXIX, p. 21 et 52, donnent à ces magistrats un
droit de juridiction sur leurs nationaux.
(4) Nous avons déjà vu Budée expliquer le sens de προστατης par le
mot επιμελητης. Et H. Estienne, au mot εμποριον, rapproche les προστατας et
les επιμελητα. Thes. aug., gr. édit. Didot. Les prostates ont sans doute
aussi de l'analogie avec les agoranomes d'Athènes.
(5) Becker. *Lexica segueriana*, Berlin, 1814. 8. v. — Bœckh. Econ. polit.
d'Athènes, trad. par Laligaut.—Schœmann, *jus publicum Græc.*, 1838, p. 243.
(6) J. Barbeyrac, loc cit., art. 47 : « Traité d'Amasis avec les Grecs,

Ainsi, nous dirons que les prostates grecs paraissent bien être, d'après le texte d'Hérodote, des *magistrats institués par des villes commerçantes, chargés de protéger leurs compatriotes*, qui, ne voulant point fixer leur séjour à Naucratis, venaient y négocier. Ce sont les juges « d'un comptoir hellénique fondé dans cette ville (1), » ou les chefs d'un « Fondigue (2), » pour nous servir de l'expression de Pierre Saliat, et que nous trouverons fréquemment employé dans le Levant au

au-dessous de l'année 569. » « Amasis fit avec les Grecs, on ne saurait dire en quelle année de son long règne, un *traité de commerce* fort avantageux, etc. »

(1) Lumbroso, loc. cit., p. 58. — Chishullus, en rapprochant les prostates de nos consuls, les assimile en même temps au τιμουχοί (ο εν τιμη) qui existaient également à Naucratis, « Τιμουχους Athenæ dictos, Herodoto vero προστατας εμποριων » (Antiq. asiat. Londres 1728, 100). Comment, sur une inscription de Téos). Athénée, en effet, en citant un fragment du second livre d'Hermias sur Apollon Grynéen, nous apprend qu'à Naucratis il existait des magistrats appelés *Timouques*, et nous les représente chargés des repas du Prytanée dans cette ville. (Athénée, *Deipnosophil.*, IV, 149, F., édit. Casaubon). Mais M. Bœckh, dans ses savantes explications sur la même inscription de Téos, qu'avait commentée Chishullus au siècle dernier, nous donne le véritable caractère des *Timouques*; ce ne sont point, comme les prostates ou les agoranomes, des magistrats chargés de protéger les opérations commerciales, ce sont les premiers magistrats de Naucratis, appelés *prytanes* à Athènes, et à Téos comme à Naucratis *Timouques*, « ipsi prytanes et præsides, opinor, Prytanum Archontes Tei videntur τιμουχοι dicti,... » Bœckh., Corp. Inscript. græc. n. 3044. — Franc. Elem. epigr., Berlin, 1840, p. 109. (Cette inscription est du Ve siècle avant notre ère.) Du reste, nous ne devons point être étonnés de trouver deux sortes de magistrats à Naucratis, puisque les Grecs y jouissaient de leurs propres institutions. (Dr Brugsch, Histoire d'Egypte, règne d'Amasis, Leipzig, 1859).

(2) Pierre Saliat, trad. citée au § 178, liv. II, Hérodote, édit. Talbot. Nous serions autorisé encore par Budée à nous servir du mot *fondigue* pour renpre le mot εμποριον. Εμποριον, dit Budæus, Lex. gr., édit. cit., s. v., « locus ubi merces venduntur, conventus mercatus, nundinæ; l'estappe Gallis dicitur. » Or, Du Cange (Gloss. latin. med. ætatis), donne aux mots *estapla* et *fonda* à peu près la même définition.

Reynaud.   4

moyen âge, pour désigner le lieu où les étrangers jouissent de la prérogative de faire le commerce.

Les établissements grecs, d'abord limités à Naucratis, s'étendirent sur toute l'Egypte ; les Milésiens, les Lesbiens, les Samiens y fondèrent des cités, portant des noms helléniques (1). Et les relations des deux peuples devaient être bien multipliées, à l'époque où écrivait Hérodote, quand nous voyons l'historien grec compter les interprètes pour une des sept classes, dans lesquelles il divise la nation égyptienne.

Les Grecs ne furent pas les seuls étranges auxquels les rois d'Egypte accordèrent l'entrée du pays. Les Phéniciens y furent également reçus. Au v° siècle avant notre ère, on les voit établis à Memphis, où ils occupent autour du temple de Phtah un quartier appelé le *camp des Tyriens* (2). Il leur fut aussi permis d'élever un temple à leur divinité principale *Astarte*. Les Tyriens jouirent-ils à Memphis de leurs propres institutions, et leur fut-il permis de vivre suivant leurs lois nationales ? La chose paraît très-vraisemblable, et de Pauw (3), dans ses *Recherches sur les Egyptiens*, admet que « ces peuplades vivaient en Egypte suivant leurs lois. »

(1) Letronne, loc. cit. Cf. Raoul-Rochette, lod., cit., t. III, p. 365.

(2) Heeren, loc. cit., t. VI, p. 418 de la traduction.—Letronne, loc. cit. Cf. Lumbroso, loc. cit., p. 60, où il énumère les villes phéniciennes en Egypte.

(3) De Pauw (Recherches sur les Egyptiens. Berlin, 1773).—Cf. Pastoret sur le passage de cet auteur (Hist. de la législation, t. II, p. 190). Mais Pardssus, loc. cit., p. 52, dit que « les Grecs paraissent avoir joui spécialement, peut-être même exclusivement, de ce privilége d'être régis par leurs lois nationales.

LES PHÉNICIENS ET LES CARTHAGINOIS

Dès l'antiquité la plus reculée, les Phéniciens, long-temps sans rivaux, étendirent leur navigation commerciale dans presque toute la Méditerranée. « Tous les navires de la mer et leurs mariniers, » dit le prophète hébreux Ezéchiel, en parlant de Tyr, « la reine des villes, » « ont été avec toi pour trafiquer et pour faire ton commerce. » La Grèce, la Sicile, la Sardaigne, les Gaules, l'Espagne même ont été visités par les Tyriens, mais quelles étaient leurs relations avec les habitants des rivages éloignés qu'ils fréquentaient? Alors que partout un étranger était regardé comme un ennemi et réduit en esclavage, comment un marchand pouvait-il pénétrer dans un pays fermé à tous? y trouver sûreté pour lui et pour ses cargaisons?

Des colonies nombreuses, il est vrai, avaient été créées par les Phéniciens dans tous les parages qu'ils ont fréquentés; servant d'entrepôt de commerce, ces comptoirs étaient en même temps un lieu de relâche nécessaire, à cette époque où les dangers de la mer, la crainte des pirates (1), et l'imperfection des vaisseaux forçaient les navigateurs à ne pas s'éloigner des côtes (2).

(1) Tous les peuples navigateurs exercèrent la piraterie, qui était loin de soulever les répugnances qu'elle excite aujourd'hui ; c'était même une profession honorée. « L'audace et la force, comme le fait remarquer Azumi, étaient assurées, dans ces temps reculés, de se concilier l'admiration des hommes. »

(2) Cf. Heeren, loc. cit. t. II, p. 79, t. IV, p. 98. — Reynier, Economie

Nous savons cependant que toutes leurs relations commerciales ne se bornaient point à leurs colonies, mais les documents historiques ne nous permettent pas de dire par quelles lois positives, dans ces temps reculés, les relations des peuples étaient réglées.

«Carthage eut un singulier droit des gens, nous dit Montesquieu (1) ; elle faisait noyer tous les étrangers qui trafiquaient en Sardaigne et vers les colonnes d'Hercule.» — Tout étranger est un ennemi pour cette jalouse République, car tout marchand est un concurrent. Polybe nous a conservé deux traités que Carthage fit avec Rome, dont le premier fut conclu après l'expulsion des rois, et le second un siècle et demi plus tard. Par ce dernier traité, elle écarte les étrangers de la Sardaigne et de la Lybie ; c'est à Carthage seulement et dans ses ports de Sicile qu'elle consent à les recevoir (2).

Nous voyons cependant cette ville entretenir toujours des rapports commerciaux avec sa Métropole, avec l'Egypte des Ptolémées, et avec Syracuse et les autres autres villes grecques de la Sicile.

A défaut d'institution du droit des gens nous, trouvons chez les Phéniciens et chez les Carthaginois des traces des rapports hospitaliers, tels que nous les verrons organisés en Grèce et à Rome.

Le contrat d'hospitalité conclu de particulier à parti-

politique des Phéniciens, p, 363 et suiv.—Hautefeuille, Histoire du droit maritime international, édit. 1869, p. 90 et suiv.—Sur l'établissement de leurs comptoirs. Voy. aussi, édit. Quatremère, Journal des savants, 1857, p. 133. Mémoire sur l'ouvrage allemand de M. Movers.

(1) Esprit des lois, liv. XXI, chap. XI.

(2) Richelot, Esquisse du commerce dans l'antiquité, édit 1838, p. 169 et suiv. J. Barbeyrac.—Histoire des anciens traités, édit. 1739.—Cf. Laurent, loc. cit., t. I, p. 516.

culier (l'idioxénie), constatée chez les Grecs au moyen des συμβολα, simples jetons de métal ou d'ivoire qu'on brise, et dont chaque partie conserve un fragment, était d'un usage général chez ces peuples. On a retrouvé un certain nombre de ces jetons, qu'ils désignaient sous un nom qui signifie « fragments hospitaliers, tablettes hospitalières (1). »

Dans une comédie de Plaute (le *Pænulus*), un Carthaginois arrive à Rome apportant avec lui « le gage de l'hospitalité; » il trouve un protecteur dans le fils de son hôte.

Mais les Phéniciens et les Carthaginois n'ont-ils connu que l'hospitalité privée, et n'ont-ils point pratiqué l'hospitalité publique, que nous verrons organisée dans les cités Helléniques sous le nom de proxénie, et qui est dans l'antiquité l'équivalent de nos consulats modernes?

M. Movers pense que les villes phéniciennes ont eu des représentants, des hôtes publics en Grèce. Il suppose tout au moins que les Etats grecs, qui avaient nommé des proxènes à Sidon et à Carthage, comme le prouvent des documents épigraphiques, devaient à leur tour, par une juste réciprocité, en recevoir de ces villes étrangères (2).

(1) V. M. Tissot, loc. cit., p. 97. « *Khirs*, fragments. » Corp. inscrip., n. 5196. Table d'ivoire trouvée à Lilybée, ornée de deux mains entrelacées au-dessous desquelles est gravé un contrat d'hospitalité.—Cf. Laurent, loc. cit., p. 516.

(2) Movers, dans son grand ouvrage sur les Phéniciens, cité par M. Tissot. M. Tissot, toutefois, conteste l'opinion du professeur de Breslau, et n'admet point la réciprocité en matière de proxénie.

PROXÉNIES GRECQUES.

En Grèce, nous trouvons une institution qui offre, avec les consulats modernes, des analogies assez frappantes et assez nombreuses pour qu'on puisse la regarder, à juste titre, comme son équivalent. L'analogie entre les fonctions des *proxènes* et celles que remplissent aujourd'hui nos agents consulaires a été remarquée plus d'une fois. Dukas, dans son *Commentaire sur Thucydide*, traduit le mot de πρόξενος par celui de Κώνσολος (1). Bœckh considère « les proxènes de chaque État comme une sorte de *consuls commerciaux* (2). » Et il ajoute ailleurs : « Sunt hi fere quos vocamus consules « mercatorios vel agentes, curârunt res ejus civitatis « cujus erant proxeni, in eâ civitate cujus erant cives; « receperunt in suâ civitate advenas cives illius, cujus « erant proxeni » (3).

« Malgré l'état d'hostilité presque habituel des peuples de la Grèce, fait remarquer M. Pardessus (4), soit entre eux, soit avec les nations qu'ils appelaient barbares, l'institution des consuls modernes n'était point tout à fait inconnue aux Grecs. » Enfin M. Egger (5) appelle les proxènes « les consuls officieux » de l'antiquité (6).

Les fonctions mêmes des consuls modernes et des proxènes antiques, si elles se rapprochent par le but

(1) In Thucid., II, 29.
(2) Econ. polit. des Athéniens. Bœckh. traduit par Laligant, 2 vol.
(3) Bœckh, *Corp. inscript. græc.*, I, p. 732.
(4) Pardessus. Collection de lois maritimes, t. I, p. 52.
(5) M. Egger. Traités publics chez les Grecs et chez les Romains, 1 vol., 1866, p. 67.
(6) C'est avec le secours des récentes découvertes épigraphiques que

commun de protection qu'elles doivent atteindre, présentent des différences profondes, que nous examinerons plus loin.

L'institution des proxénies s'offre à nous sous deux formes distinctes : l'une commune à tous les Etats grecs, et l'autre particulière à Sparte. Nous parlerons d'abord de la première espèce de proxénie.

Nous étudierons successivement : le caractère et l'origine des proxénies ; les rapports du proxène avec sa ville natale ; ses rapports avec la cité qu'il représente ; l'analogie qu'on peut établir entre les proxénies et l'institution consulaire ; nous dirons ensuite ce qu'étaient les proxènes, magistrats de Sparte.

I. *Origine des proxénies.* — Le *proxène*, d'après le sens étymologique du même mot, est l'hôte dont le seuil est ouvert à tous ; c'est l'hôte public d'une cité, qui remplit vis-à-vis d'elle, et le plus souvent vis-à-vis d'elle seule, les devoirs d'hospitalité, dont le ξένος, l'hôte privé, s'acquitte vis-à-vis d'un particulier (1).

MM. Meier et Tissot ont pu nous donner une théorie à peu près complète des proxénies grecques. Par les notions fort incomplètes et quelquefois erronées que nous trouvons dans les auteurs qui ont parlé de cette matière, nous pouvons apprécier combien jusqu'ici cette utile institution était restée peu connue. Cf. Warden, traduit par Férère de Morlaix : De l'origine des établissements consulaires, p. 23. — Miltitz. Manuel des consuls, p. 11-12. — Meier. Comment. de proxenia, 1843. Salis Saxon. — M. Tissot, consul à Andrinople, Des proxénies grecques, thèse pour le doctorat ès-lettres. Dijon 1863.

(1) Steph., *thes. græc. ling.*, s. v., πρόξενος. « Le mot ξένος en grec, comme ses équivalents *hospes*, *hôte*, en latin et en français, désigne à la fois celui qui donne l'hospitalité et celui qui la reçoit. Employé dans le premier sens, le mot ξένος forme avec le préfixe πρό un composé d'une signification toute particulière ; à l'idée d'hospitalité active se joint celle de publicité, d'évidence et de notoriété. » M. Ch. Tissot, loc. cit., p. 9.

«Le proxène, dit Ammonius (1) est l'hôte d'une cité ou d'une nation; le ξένος est le particulier qui reçoit un particulier.

La proxénie, qui a pris un grand développement dans les mœurs de la Grèce, prend son origine, non dans le droit des gens, mais dans le sentiment de l'hospitalité.

Dans les temps les plus reculés, les hommes qui s'honoraient de quelques sentiments d'humanité traitaient les étrangers avec respect; on les accueille, on leur donne ce qui est nécessaire à la vie avant même de les interroger sur leur patrie, sur le but de leur voyage.

Nous savons que les poëtes, pour inspirer au Grecs l'habitude de l'hospitalité, mettaient l'étranger sous la protection de certains dieux qui vengent les injures; Jupiter est honoré du surnom de ξένιος (2).

Mais avec les temps héroïques disparaissent ces traditions généreuses. L'intérêt conseille encore l'hospitalité, mais l'entoure de précautions : à l'accueil accordé à tout étranger sans distinction succède le pacte d'hospitalité, l'ἰδιωτικὴ φιλία, entre deux particuliers, entre deux familles. Des σύμβολα, simples jetons de métal ou d'ivoire, ornés de quelques caractères, que deux personnes se partagent, sont les gages de cette liaison. Cette marque est un titre pour prouver que celui qui la porte peut revendiquer ce droit d'hospitalité, en même temps qu'elle est un moyen pour éviter de la part d'aventuriers toute surprise.

Mais les relations entres différents peuples so multi-

(1) Cité par M. Tissot, p. 10.
(2) Robinson, Antiquités helléniques, t. II, p. 360. — C'est dans le même but que la Fable peiguit souvent les dieux voyageant sous les traits de simples mortels.

pliant, la plupart des États helléniques durent songer à
assurer à tous leurs citoyens la protection que quelques-uns des leurs pouvaient seuls invoquer à l'étranger.
« Le contrat d'hospitalité conclu d'abord de particulier à
particulier se conclut dès lors de cité à particulier et
l'ἰδιωτικὴ ξενία devint la προξενία (1).

Les proxénies remontent certainement à une haute
antiquité, sans qu'il soit possible toutefois de déterminer la date précise de leur établisement. « Nous rencon-
trons pour la première fois un προξενος, » écrit M. Rangabé (2), « dans le vᵉ siècle avant J.-C., c'est-à-dire aussitôt après la bataille de Salamine, lorsque les Athéniens
appelèrent Alexandre, roi de Macédoine, leur proxène
et ami. »

Mais M. Tissot a produit deux documents, l'un épi-
graphique et l'autre historique, qui contredisent également l'opinion du savant auteur des *Antiquités helléniques*. Pétilia, colonie thessalienne de la Grande-Grèce,
possédait au moins cinq proxènes en titre au vIIᵉ siècle
avant notre ère; un des plus anciens documents épigraphiques connus (3) fait mention de ces hôtes publics. Et un passage important de Pausanias permet
de conclure, non-seulement que les proxénies existaient
au temps de la première guerre de Messénie (743-723
avant J.-C), mais qu'elles avaient pris déjà à cette époque un grand développement : « Après la prise d'Ithôme, »
dit Pausanias (4), « tous ceux des Messéniens qui

(1) M. Tissot, loc. cit. p. 15. — Robinson, Ant. Hellén, t. II, p. 360.
Laurent. Histoire du droit des gens, t. II, p. 112.
(2) Rangabé, Ant. Hellén. t. I, p. 383.
(3) Bœckh. Corp. inscrip. græc., n. 4, titre *de Petilia*.
(4) Pausanias. IV, 14, texte cité par M. Tissot, p. 17.

étaient proxènes de Sicyone, d'Argos, et quelques-uns de ceux des villes d'Arcadie, se retirèrent dans ces cités. »

Dans la pensée du savant auteur des *Proxénies grecques*, cette institution remonterait à l'époque « do la conquête darienne, signalée par l'établissement général de gouvernements aristocratiques. » C'est à cette période, en effet, de l'histoire des Etats grecs que nous voyons, les différentes tribus Helléniques s'installer d'une manière définitive sur le sol de la patrie commune ; c'est alors que grandissent les rapports de cité à cité, que se développent les relations commerciales et qu'ont dû naître le besoin de protection réciproque, la commune nécessité d'une institution protectrice des étrangers.

Les nombreux décrets de proxénie que nous a légués l'antiquité permettent d'affirmer que cette institution fut commune à toutes les cités grecques ou d'origine hellénique. On peut en constater l'existence, non-seulement dans les ports fréquentés des villes importantes, mais encore dans d'obscures bourgades. Nous trouvons encore des proxènes des Etats grecs à Carthage, à Sidon et dans toute la Phénicie (1).

L'histoire qui ne nous a rien appris sur les origines de la proxénie, se tait également sur l'époque où elle a disparu.

C'est dans l'intervalle compris entre la 100ᵉ et la 153ᵉ olympiade (380 ans avant J.-C., — 168 ans avant J. C.— Art de vérifier les dates) que se placent la plupart des décrets de proxénie qui nous sont parvenus, et dont l'âge a pu être déterminé. Cependant cette institution survécut

(1) Tissot, loc. cit., p. 92-96.

encore assez longtemps à la conquête romaine, et un titre de *tenos* (1), qui confère la proxénie, paraît voisin de l'époque chrétienne. Et sans les indices fournis par l'Écriture même et par les noms romains qui se mêlent aux noms grecs, nous dit M. Egger (2), on pourrait attribuer au temps de la liberté bien des décrets de proxénie qui sont contemporains des Césars. Mais, sous l'empire, si le nom reste, l'institution a changé de caractère et perd son à propos, et il est naturel de supposer qu'elle acheva de s'éteindre sous la forme latine du patronat et de la clientèle « l'hôte public ne fut plus qu'un πατρωνος, c'est-à-dire un maître. Le libre contrat d'hospitalité ne pouvait pas impunément se changer en une sorte de vasselage; loin de lui donner une vie nouvelle, cette transformation lui porta le dernier coup. Née des vertus de l'âge héroïque, la proxénie avait grandi avec les libertés de la Grèce, elle devait succomber avec elles (3). »

II. *Des rapports du proxène avec sa ville natale.* — Le proxène est essentiellement citoyen de la ville dans laquelle il remplit ses fonctions (4).

La cité à laquelle il appartient n'intervient en aucune façon dans le pacte qui l'engage vis-à-vis d'un autre État. Elle ne sanctionne jamais le contrat; bien qu'elle le reconnaisse, soit tacitement en en permettant la libre exécution, soit d'une manière plus explicite, quand elle

(1) Cité par M. Tissot, loc. cit., p. 99.
(2) M. Egger, loc. cit., p. 187.
(3) Tissot, loc. cit , p. 100.
(4) Trois décrets seulement, mentionnés par M. Tissot, font exception à cette règle. (Corp. inscr., n. 2329-2334. Curt. anecd. Delph., n. 60.)

autorise, par exemple, l'hôte public à lui présenter
officiellement les ambassadeurs de la cité étrangère.

C'est dans un très-petit nombre de documents épigraphiques que nous voyons la ville qui nomme un proxène en donner avis à la cité natale de ce dernier, et quand le décret de proxénie est ainsi notifié, c'est à titre d'information pure et simple et comme pour reconnaître dans la personne de cet hôte public les services rendus par sa ville natale à la cité qui le choisit. L'acte de nomination porte en lui-même un caractère de pleine et entière autorité et ne vaut qu'entre le proxène et la cité qui le lui a conféré. C'est donc à tort que M. Warden avait pensé que ce décret était soumis à une « sorte d'*exequatur* de l'autorité locale, » comme les provisions de nos conseils modernes. La ville natale du proxène ne lui reconnaît jamais en principe un caractère spécial officiel; il reste à ses yeux un simple particulier (1).

III. *Rapports du proxène avec la cité qu'il représente.* — Le proxène tient son mandat de la cité qu'il représente, et quand il est chargé de défendre les intérêts des divers membres d'une confédération, c'est l'Assemblée générale, le conseil de cette confédération tout entière (τὸ κοινόν) qui décrète sa nomination. Ainsi voyons-nous décerner la proxénie par le conseil des amphic-

(1) Warden, traduit par Barrère, de Morlaix, loc. cit., p. 23. M. Pardessus affirme également par erreur que « le choix de la personne du proxène devait être approuvé par le peuple du pays où il exerçait son ministère, » loc. cit., t. I, p. 52. Cf. M. Tissot, loc. cit., p. 101-107. M. Laurent, Histoire du droit des gens, t. II, p. 112.

tyons (1), par l'Assemblée générale des Lacédémoniens (2) par celles des Achéens et [par plusieurs autres (3).

Les proxènes portent le titre de πρόξενοι τῆς πόλεως, τοῦ δήμου, τοῦ κοινοῦ, suivant qu'ils représentent la cité ou la confédération qui leur confère leur mandat. Ceux de Délos et de Delphes, en considération de la dignité de ces deux sanctuaires sont qualifiés de πρόξενοι καὶ εὐεργέται τοῦ ἱεροῦ καὶ τῆς πόλεως « proxènes et bienfaiteurs du temple et de la cité (4).

Le titre de proxène prodigué dans les derniers temps de l'indépendance de la Grèce, n'était accordé dans l'origine qu'en échange de longs et importants services; pour l'obtenir il fallait avoir fait preuve d'une bienveillance particulière envers la cité qui le conférait, soit en défendant ses intérêts généraux, soit en protégeant de tout son pouvoir ses citoyens isolés. Aussi les proxènes étaient-ils choisis parmi les nombreux éthéloproxènes (5) qui rivalisaient d'efforts et de sacrifices pour obtenir le titre ambitionné d'hôte public.

Dans le plus grand nombre de décrets qui nous sont parvenus, sont rappelés sous forme de considérants les

(1) Corp. inscr., 16896.
(2) Ib., 1335.
(3) Ib., 1565, 1793.
(4) Corp. inscr., p. Délos. 2267, 2268, 2269; p. Delph., ib., 1193; inscr. cité par M. Tissot.
(5) Les ἐθελοπρόξενοι étaient « de simples candidats à la proxénie. » Ils remplissaient vis-à-vis d'une ville étrangère les devoirs de l'hospitalité publique, sans en être chargés par un mandat formel, espérant ainsi trouver plus tard dans le titre de proxène la récompense de leur dévouement. Aussi les expressions d'ἐθελοπρόξενος et d'ἰδιοπρόξενος, *hôte public volontaire*, *hôte public privé*, s'employaient-elles toujours par opposition à celle de πρόξενος, hôte public muni d'un titre. V. M. Tissot, loc. cit, p. 30.

motifs qui font accorder la proxénie. Quelquefois les titres, qui motivaient le choix de tel proxène, sont résumés dans une brève formule, tantôt ils sont longuement énumérés, comme dans un décret d'Exopolis.

« Attendu, porte un décret de Delphes, qu'un tel a été le bienfaiteur du temple et de la cité, et s'est toujours montré juste et bon (1). »

Et, dans un décret de Mélita, « attendu qu'un tel a fait preuve de bienveillance, en toute circonstance, et a procuré souvent de grands avantages soit à notre cité, soit à chacun de ses citoyens (3). »

Quelquefois un motif particulier, venant s'ajouter à ces titres généraux, détermine la nomination du proxène. Euryloque de Cydonia, dont les ancêtres s'étaient déjà distingués par leur bienveillance envers Athènes, et qui, fidèle à ces traditions de famille, défendit à son tour les intérêts des citoyens de cette république, que leurs affaires conduisaient en Crète, obtint la proxénie « pour avoir racheté et renvoyé à ses frais dans leur patrie un grand nombre de captifs Athéniens (4). »

Un bienfait signalé, sans autres services antérieurs suffit cependant pour faire conférer cet honneur. Phanocrite de Parium est nommé proxène des Athéniens pour leur avoir signalé l'approche d'une flotte Lacédémonienne, qui se préparait à intercepter un convoi de blé destiné au Pirée.

La proxénie est encore la récompense habituelle des

(1) Corp. Inscr., 21346, cité par M. Tissot, p. 39.
(2) Titre de Delphes (curt. 461).
(3) Corp. Inscrip., titre de Mélita, 5752.
(4) Corp. Inscr., 96, par M. Tissot, p. 41.

juges étrangers qu'une cité demandait souvent à une cité voisine, pour expédier les nombreuses causes politiques où l'on pouvait soupçonner l'impartialité des juges naturels (1).

Enfin le titre d'hôte public est conféré comme une marque d'honneur insigne « aux poëtes qui célébraient la patrie dans leurs vers, aux artistes qui l'enrichissaient de leurs œuvres. » Pindare la reçut des Athéniens pour avoir surnommé la patrie de Cécrops « le rempart de la Grèce (2). »

Il fallait que cette dignité fût tenue en grande estime chez les Grecs, quand nous voyons les Etats helléniques l'accorder à des citoyens influents d'une république étrangère, pour arriver à se concilier leur appui et leur bienveillance ; et c'est sans doute par une habile politique, autant que pour des raisons d'utilité commerciale, que nous voyons la même ville multiplier ses proxènes dans une autre cité grecque ?

Mais cet honneur perdit de son prestige au temps de la décadence, parce qu'il fut prodigué, et l'épigraphie nous fournit trois exemples de proxénies accordées à des femmes (4).

Athènes va même jusqu'à choisir un affranchi du nom de Lycidas pour remplir cette charge.

Les décrets de proxénie étaient gravés sur une co-

---

(1) Nous trouvons fréquemment des exemples de ces « juges envoyés » quand les exilés devaient être remis en possession de leurs biens.

(2) M. Tissot, loc. cit., p. 48.

(3) « Athènes pourrait avoir usé largement de ce levier politique, et à l'époque où elle commandait à toute l'Hellade, on la vit multiplier ses proxènes dans les différentes cités grecques. » Tissot, loc. cit.

(4) Voy. les trois inscriptions citées par M. Tissot, p. 40.

onne ou sur des tables de marbre ou de bronze (1), ou encore, comme dans les décrets de Thasos, sur les antes des temples, des palais où siégent les gouvernants, sur les murailles de l'Agora.

Les stèles commémoratives étaient ordinairement placées dans les temples, et ainsi portées à la connaissance de tous. Avant d'entreprendre un voyage, celui qui venait adresser ses prières aux dieux, apprenait en même temps de qui il devait attendre secours et protection en pays étranger.

C'est cette coutume qui inspire à Démosthènes ces paroles : « Peut-être quelques-uns de ces hommes ne sont plus; mais, une fois rendus, les services subsistent à jamais. Laissez donc éternellement ces colonnes sur leurs bases; par elles, tant que vivra un bienfaiteur d'Athènes, il sera à l'abri de l'injustice; quand ils seront tous morts, vous aurez un monument de votre générosité, qui dira hautement à qui viendra vous servir que la République a rendu bienfait pour bienfait (2). »

Le proxène recevait une expédition du décret de proxénie; quelquefois un exemplaire de ce titre était envoyé à sa ville natale, qui s'associait à l'honneur, fait à un de ses membres, en ordonnant l'inscription du décret sur une stèle commémorative (3).

Enfin, le nombre toujours croissant de ces hôtes pu-

(1) Εν στήλη. Voir dans M. Ph. Le Bas les lieux nombreux en Grèce où on avait coutume d'exposer les inscriptions honorifiques et tous les autres décrets. — Ph. Le Bas. Inscript. grec. de l'île d'Egine dans les nouv. Annales de l'Institut archéologique de Rome, t. II, p. 518-520.

(2) Démosth. cité par M. Tissot, p. 83.

(3) V. dans M. Tissot de longs détails sur les décrets de proxénie, p. 47-58.

blics, fait adopter l'usage d'inscrire leurs noms sur des tables récapitulatrices (1).

Des fonctions des proxènes. — Quels étaient tous les devoirs des proxènes? Des règles précises venaient-elles déterminer l'étendue de ses obligations et en imposer l'accomplissement? Ces questions restent encore douteuses. L'épigraphie fait ici complètement défaut et n'est venue ajouter aucun renseignement aux témoignages incomplets des écrivains grecs, sur les fonctions des hôtes publics.

M. Tissot pense que les obligations, qu'entraînait la proxénie, n'étaient pas formellement imposées au proxène; « elles constituaient, au contraire, dit-il, tout porte à le croire, des devoirs *imparfaits*, dont l'hôte public s'acquittait plus ou moins consciencieusement, plus ou moins complètement, suivant son zèle, sa fortune, son crédit. »

Nous dirons donc quelles sont les différentes obligations que l'usage imposait généralement aux proxènes:

1° Le proxène avait à s'acquitter des devoirs de l'hospitalité envers tous les citoyens, sans distinction de l'État qu'il représentait (2); il devait pourvoir à ce que tous trouvassent un abri, soit dans sa propre maison, soit ailleurs. Du reste, les appartements séparés (ξενῶνες) dans les maisons grecques, étaient réservés aux étrangers, de façon à ce que cette large hospitalité pût se concilier avec la liberté et l'indépendance de la fa-

(1) Corp. inscript., n. 2389. Table récapitulative de la ville d'Aptère en Crète; n. 2477, table appartenant à Anaphé.

(2) « C'est ce que la plupart des grammairiens et des historiens appellent l'προξενικόν. » Tissot, loc. cit., p. 89.

— 70 —

millo (1). Nous voyons à Athènes un Callias, proxène de Sparte, obligé d'affecter un nouvel appartement aux be-soins de ses hôtes, à cause du grand nombre d'étran-gers, qu'il recevait chez lui (2).

C'est chez l'hôte public que descendaient de droit les ambassadeurs de la cité qu'il représentait.

2° Le proxène était chargé de présenter aux pry-tanes, aux principaux magistrats, et à l'assemblée du peuple, les ambassadeurs de sa ville adoptive. Et quand le caractère officiel de l'envoyé ne résultait pas de si-gnes de reconnaissance (συμβολα), convenus d'avance en-tre les deux Etats, c'était lui qui était chargé de certifier l'authenticité de sa mission (3).

3° Nous voyons ranger parmi les principaux devoirs du proxène le soin d'assurer, à ses hôtes, une place dans les jeux et les représentations théâtrales (4). L'on sait de quelle importance étaient, dans les mœurs helléni-ques. « Ces grandes solennités, célébrées en l'honneur des dieux de la patrie commune, » qui attiraient de tous les points de la Grèce un si grand concours d'étrangers.

(1) « La profession d'hôtelier, d'origine assez récente en Grèce, n'était exercée que par des étrangers ou des hommes de la plus basse condi-tion. Elle était interdite dans certaines cités. » Tissot, p. 11. Et Toma-sini, *de tessera hospit.*, p. 135. « Antiquitus vero tam apud Græcos, quam apud Romanos, componariam exercere ignominiosum fuisse. Hinc Plato, lib. II, *de Leg.* ea interdicit cives suos. »

(2) Passage du Protagoras de Platon, cité par M. Tissot.

(3) Le décret attique qui confère la proxénie à Straton, roi de Sidon, porte : « Le Sénat fera fabriquer des symboles qui seront remis au roi de Sidon afin que le peuple d'Athènes puisse reconnaître en cette qualité les envoyés du roi de Sidon, et que le roi de Sidon reconnaisse à son tour ceux que pourra lui envoyer le peuple d'Athènes. » M. Tissot, p. 60, n. 4. M. Egger, loc. cit., p. 18.

(4) « Προκλησια των εδρων εν τω θεατρω, » dans Pollux, Onom. III, 59, cité par M. Tissot.

4° Mais la mission la plus importante sans doute de l'hôte public, consistait à représenter devant les tribunaux les citoyens de la ville dont il était l'hôte public (1).

Nous ne voyons nulle part que les proxènes aient exercé un droit de juridiction spéciale sur les membres de la cité, qui les avait choisis. Le caractère de cette institution, du reste, nous explique la différence qui la sépare en cela de nos consulats du moyen âge : la proxénie n'est que l'hospitalité privée, étendue à tous les citoyens d'un même État, et sans mission officielle reconnue de la part de sa ville natale. Celle-ci ne voit dans le proxène qu'un simple particulier (2).

Il paraît même à M. Tissot que la qualité d'hôte public aurait constitué un motif d'exclusion, dans les tribunaux, appelés à prononcer sur certaines causes, où se trouvaient engagés les habitants de la ville du proxène. Du moins, c'est ce que me semble signifier la convention intervenue entre les cités d'Æanthéa et de Chaléion (3).

Nous savons qu'à Athènes les étranger étaient justiciables du Polémarque (4). Au temps de Lysias, il existait

(1) Laurent, loc. cit., liv. II, p. 112.

(2) Warden, loc. cit, p. 23, se trompant sur le caractère de la proxénie, attribue par erreur aux proxènes un droit de juridiction.

(3) « Dans le cas où le tribunal des Xénodices est partagé, l'étranger a le droit de choisir d'autres juges parmi les notables à l'exclusion des proxènes et des éthéloproxènes. » M. Tissot, loc. cit., p. 61.

M. Egger donne l'analyse de cette convention : « Le jugement des causes où sa personne (la personne de l'étranger dans les deux cités contractantes) appartient à des magistrats, les ξενοδίκαι, qui ne sont pas ressemblance avec le *prætor peregrinus* des Romains. Pour ces mêmes procès, le texte distingue deux degrés de juridiction : d'abord celle des Xénodiques, puis, en cas de partage des voix, dans leur tribunal, un autre tribunal formé, soit de quinze, soit de neuf membres, suivant l'importance de 'objet en litige. » M. Egger, Hist. citée, p. 36.

(4) O. Perrot, Essai sur le droit public et privé d'Athènes, 1867, p. 261. « Tous ceux qui n'étaient pas citoyens, les étrangers de passage

des juges maritimes ναυτοδίκαι, chargés de juger les contestations de commerce survenues entre commerçants
étrangers ou Athéniens (1).

Si le proxène n'avait aucune attribution de justice, il
devait assister en qualité de « προστάτης ou curateur »
les citoyens de la ville adoptive, qui ne pouvaient eux-
mêmes plaider leurs procès dans l'assemblée du peuple,
en raison de leur qualité d'étrangers. A l'époque où les
alliés tributaires d'Athènes durent porter, aux tribunaux
de cette République, les principales causes civiles ou criminelles, ces fonctions acquirent une très-grande importance, et c'est sans doute ce qui valut aux proxènes athéniens ce titre de « προστάται ὅλων πολίων, que leur
donnent certains grammairiens (2). »

On sait également que les Métœques étaient obligés de
se choisir à Athènes un patron, appelé προστάτης, sans
l'assistance duquel ils ne pouvaient paraître en justice (3).

(ceux qu'attirait à Athènes ou la curiosité, ou le plaisir, ou le commerce), aussi bien que ceux qui résidaient à poste fixe dans la cité (les
Métœques) sous la protection de ses lois, étaient justiciables du Polémarque. »

(1) G. Perrot, loc. cit., p. 311. — Cf. p. 277, les Thesmothètes au temps
de Démosthènes. — Cf. Milltiz, loc. cit., t. I, p. 12 et 13.

(2) M. Tissot, loc. cit., p. 61. — Cf. la définition d'un scholiaste de Démosthènes, cité par baron de Sainte-Croix dans son Mém. sur les Métœques. — Cf. Suidas, Lex. gr. lat., édit. citée, s. v. πρόξενοι, « Καὶ πρόξενοι
οἱ προστάται τῶν πόλεων καὶ φροντισταὶ καὶ ξένους ὑποδεχόμενοι » « πρόξενοι civita-
tium patroni et curatores quique peregrinos hospitio excipiunt. »

(3) Nous croyons devoir rapprocher, comme rappelant de semblables
attributions, ces deux mots προστάται, l'un qui s'applique aux proxènes,
et l'autre aux patrons des Métœques.

C'est un sens de plus que nous pouvons ajouter à ceux que nous
avons donnés déjà de cette expression προστάτης. Il faut reconnaître, je
crois, que les προστάται τοῦ ἐμπορίου d'Hérodote sont différents des proxènes,
c'est du moins avec un caractère tout autre qu'ils se présentent à nous.
Les prostates grecs d'Égypte, en effet, sont des citoyens d'un État, exerçant une magistrature à l'étranger, et paraissent bien avoir sur leurs nationaux une juridiction.

Enfin outre ces devoirs principaux, l'hôte public était tenu de rendre à ses hôtes tous les bons offices qui étaient en son pouvoir; il devait s'occuper de leurs affaires, leur en faciliter l'expédition, et en cas de mort, liquider et transmettre leurs successions aux ayants droit (1).

Il est curieux de rapprocher cette hospitalité publique des Grecs d'une institution hospitalière, que nous trouvons également chez les peuples de l'Inde. Diodore de Sicile (2) nous fournit un témoignage du respect que les Asiatiques portaient à l'étranger dans sa personne et dans ses biens : « Il y a, dit-il, chez les Indiens des *archontes* préposés pour recevoir les étrangers et pour empêcher qu'on ne leur fasse tort; on leur amène des médecins quand ils sont malades; on a d'eux tout le soin possible; on les ensevelit honorablement quand ils sont morts et on rend *leurs biens à leurs ayants cause.* »

Le proxène était également lié, envers la cité qu'il représentait, par des devoirs d'un ordre plus général et plus élevé. En cas de guerre, il devait rendre les honneurs de la sépulture aux guerriers morts sur le champ de bataille; racheter les combattants tombés au pouvoir de l'ennemi. Après la bataille navale d'Epidamne, entre

(1) M. Tissot trouve la preuve de cette obligation dans un plaidoyer de Démosthènes contre Callipe : « Un nommé Lycon, d'Héraclée, blessé dans un combat contre des pirates, meurt à Argos; Callipe, proxène des Héracléotes, se rend chez le banquier de Lycon et le prie de lui communiquer ses livres de compte, afin de s'assurer si le défunt a laissé quelque argent, « car je suis obligé, ajoute-t-il, de défendre les intérêts de « tous les habitants d'Héraclée. » M. Tissot, loc. cit., p. 63.

(2) Diodore de Sicile, II, 42. — Pouqueville, Mém. cité, p. 524, note 1. M. de Pouqueville croit même que cette institution a donné naissance à la proxénie. — Cf. M. Laurent, loc. cit., t. I, p. 98, Sur l'hospitalité indienne.

les flottes de Corinthe et de Corcyre, les Corcyréens proxènes de Corinthe, déposent à titre de caution une somme convenue et font relâcher les prisonniers corin-thiens. En un mot, l'hôte public était tenu de servir de tout son pouvoir sa ville adoptive, de se dévouer à ses intérêts, autant que le lui permettaient ses devoirs per-sonnels, envers sa ville natale.

Deux monuments épigraphiques nous démontrent que le même proxène pouvait exercer les fonctions hospitalières au profit de deux Etats différents. De même voyons-nous nos agents consulaires modernes se char-ger, parfois, de la protection des intérêts commerciaux de deux, ou plusieurs puissances d'un rang inférieur (1).

Récompenses accordées aux proxènes. — Des charges aussi réelles que celles qui pesaient sur les proxènes, devaient être compensées par d'importants avantages. Aussi voyons-nous les républiques grecques ne point se montrer avares d'honneurs et de priviléges envers leurs hôtes publics.

Les honneurs accordés le plus souvent au proxène par sa ville adoptive étaient : le titre de bienfaiteur, la louange publique, le don d'une couronne d'or ou de feuillage, la proclamation solennelle de ces honneurs, dans les temples des dieux, par la voix du héraut ou d'un magistrat, l'admission au banquet des Prytanes et quelquefois l'érection d'une statue.

La publication de ces récompenses honorifiques pou-vaient également avoir lieu dans la ville natale du proxène.

(1) Corp. Inscr., 8191, 8782, cités par M. Tissot, loc. cit., p. 66.

Les immunités qui étaient attachées aux fonctions des proxène étaient nombreuses; sans les nommer toutes, nous citerons celles qu'il est le plus important de signaler (1).

L'hôte public avait le privilége de se présenter au Sénat et à l'Assemblée du peuple, lorsque ses intérêts l'exigeaient immédiatement après les sacrifices et avant toute autre personne. Était-il appelé en justice? sa cause était portée en tête du rôle, et il avait le droit de la plaider à l'ouverture de l'audience. Une place d'honneur lui était réservée pour assister à tous les jeux et à toutes les représentations théâtrales de la cité.

De nombreux décrets consacrent l'inviolabilité des proxènes en temps de guerre comme en temps de paix, non-seulement quant à sa personne (2), mais quant à ses biens (3). Appartenant par une sorte d'adoption à la cité qu'il représentait, il n'est pas étonnant qu'on dérogeât en sa faveur aux lois rigoureuses de la guerre. Fait prisonnier sur le champ de bataille, il échappait à l'esclavage et était délivré sans rançon. Lorsque sa ville natale succombait dans la lutte, sa maison était protégée contre le pillage, par l'inscription du décret de proxénie, qui assurait ainsi « à ce seuil hospitalier le bénéfice, que consacra plus tard au profit des ministres publics, le

(1) Voyez l'énumération détaillée qu'en donne M. Tissot, à l'aide de très-nombreuses inscriptions, loc. cit., p. 69-80.

Ces nombreux priviléges ont encouru la critique d'un auteur moderne : « De pareilles prérogatives, dit M. de Sainte-Croix, pourraient avoir des conséquences dangereuses pour les villes dont les proxènes étaient citoyens. » L'auteur cite les exemples d'Alcibiade, proxène de Sparte à Athènes, et des proxènes de Mitylène, qui favorisèrent les entreprises de cette dernière ville contre leur propre cité. Baron de Sainte-Croix, *De l'état et du sort des colonies dans l'antiquité.* Philadelphie, 1779, p. 90.

(2) Ἀσφάλεια.

(3) Ἀσυλία.

principe de l'exterritorialité (1). » En un mot comme l'exprime énergiquement un décret de Tenos, ce privilége accordait au proxène « la paix en pleine guerre. »

A cette immunité se rattache le droit de commercer en temps de paix ou de guerre en toute sûreté.

L'hôte public avait le privilége d'acheter et de posséder des immeubles sur le territoire de la cité, qu'il représentait, prérogative refusée aux étrangers dans les républiques grecques. Il était exempté de certains impôts, et quelquefois il jouissait même d'une immunité complète relativement aux charges publiques.

L'isopolitie (2) était quelquefois la récompense du proxène, et nous trouvons même des titres assez nombreux lui conférant, comme suprême honneur, le droit de cité.

Enfin il est probable que les hôtes publics recevaient des présents, des dons périodiques, certaines indemnités. On peut du moins l'affirmer pour les riches cités d'Ionie et de la Thessalie, dont les proxénies étaient largement rémunérées et fort recherchées.

Nous devons dire qu'aucune ville grecque n'accorda à la fois tous les honneurs et tous les priviléges que nous venons d'indiquer. Après l'énumération expresse de quelque immunité, généralement le décret porte ces mots : « Et tous les autres honneurs accordés aux autres proxènes et bienfaiteurs. »

Cette formule nous indique sans doute que chaque cité devait disposer d'un certain nombre de ces récom-

---

(1) M. Tissot, loc. cit., p. 72.
(2) D'après M. Bœckh, l'isopolitie avait pour effet d'égaler l'hôte au citoyen, au point de vue du droit; mais ne lui conférait ni le droit de suffrage, ni l'accès aux fonctions publiques. Corp. Insc., p. 732.

penses, toujours les mêmes, dont elle avait eu l'habitude d'honorer ces hôtes publics.

Le titre de proxène était héréditaire, et si l'hôte public renonçait à la proxénie, lui-même ou ses enfants pouvaient la réclamer de nouveau. Alcibiade, dans un discours aux Lacédémoniens (1), leur déclare qu'il a repris la proxénie à laquelle avait renoncé son aïeul.

IV. *Comparaison des proxénies avec l'institution consulaire.* — Après l'étude que nous venons de faire des hôtes publics en Grèce, il est facile d'entrevoir et les analogies qui rapprochent la proxénie de nos consulats modernes, et les importantes différences que présentent ces deux institutions.

Comme nos consuls, les proxènes grecs devaient leur protection aux citoyens de l'Etat qui les avaient nommés; comme eux, ils pouvaient avoir quelques fonctions politiques, et ils servaient dans certains cas d'agents d'information. Enfin les proxènes étaient munis, pour l'exercice de leur fonctions, d'un titre authentique : du décret de proxénie.

Mais les différences entre ces hôtes publics et les consuls modernes sont nombreuses.

Le consul est nécessairement citoyen de l'Etat dont il protége les intérêts; le proxène au contraire n'appartient pas à la cité qu'il représente. Tandis que les consuls sont revêtus d'un caractère officiel vis-à-vis des autorités de leur résidence, le proxène n'est jamais dans sa ville natale qu'un simple particulier; le décret de proxénie, qui l'investit de ses fonctions, n'est en effet

____

(1) Thucyd., VI, 89, cité par M. Tissot.

qu'un titre qui constate, vis-à-vis de sa ville adoptive, les services qu'il a rendus et lui assurent les priviléges qui en sont la récompense. Il n'est point soumis à l'*exequatur;* ce décret est donc bien différent des lettres de provision, qui servent à accréditer le consul auprès du gouvernement étranger.

L'institution grecque prend son origine dans le sentiment d'hospitalité, et les consulats modernes dans le droit des gens.

Tandis que les attributions des consuls trouvent leurs règles dans la législation du gouvernement qu'ils représentent, leurs limites dans les stipulations du droit conventionnel ou dans les usages locaux; l'action hospitalière grecque au contraire, limitée à une assistance purement individuelle et privée, variait, suivant le crédit, la fortune ou les générosités des proxènes. « Tel hôte public pouvait faire plus ou moins que tel autre : les consuls ne peuvent faire ni plus qu'il ne leur est permis, puisqu'ils franchiraient les limites marquées par les traités; ni moins qu'il ne leur est prescrit, puisqu'ils manqueraient à la mission précise qui leur est confiée (1). »

Il est vrai de dire que plusieurs de ces différences disparaissent, si l'on compare les proxènes, non plus aux consuls « envoyés, » mais à ceux États de second ordre, qui le plus souvent sont choisis parmi les sujets du pays où ils exercent leur mandat.

Nous venons d'étudier la proxénie telle qu'elle nous apparaît dans toutes les républiques grecques; cependant cette institution se présente sous deux formes

____

(1) M. Tissot, loc, cit,, p. 106,

distinctes, avons-nous dit; l'une commune à tous les Etats helléniques celle que nous avons étudiée, et l'autre particulière à Sparte et peut-être à quelques autres cités :

« Est duplex proxenorum genus, accurate distinguen-
« dum : alterum universis Græcis commune, alterum
« proprium, quantum scimus, Spartanorum (1). »

Nous ne dirons que quelques mots de la proxénie spartiate, encore fort peu connue, et que quelques auteurs (2) ont à tort considérée comme le type de l'institution des hôtes publics de la Grèce.

Des proxènes, magistrats de Sparte. — C'est aux rois, d'après le témoignage d'Hérodote, qu'appartenait la nomination de ces proxènes; pris parmi les habitants de Sparte, ils ne sont plus de simples particuliers vis-à-vis de leurs concitoyens, mais de véritables magistrats chargés d'exercer leur mission au nom de la cité (3).

Cette forme nouvelle et exceptionnelle de la proxénie trouve sans doute sa raison dans la défiance, bien connue des Spartiates, vis-à-vis des étrangers.

Quelles pouvaient être les fonctions de ces magistrats? Leur rôle est d'autant plus difficile à déterminer qu'on a reconnu la coexistence à Sparte même, comme dans le reste de la Laconie, des proxènes magistrats et des hôtes publics communs aux autres villes grecques (4).

(1) Bœckh, Corp. insc., I. p. 711. Le savant épigraphiste regarde le passage d'Hérodote où il est question de ces magistrats (Hérod., VI, 57) comme le seul texte des écrivains grecs qui établisse l'existence de ces proxènes.

(2) MM. Warden, traduct. citée, p. 23; Militiz, Manuel des consuls, p. 11.

(3) L'on voit que, sons cette forme particulière de la proxénie, il ne peut pas davantage être question d'*exequatur*.

(4) Bœckh, Corp. insc., I, p. 11; et M. Tissot, loc. cit., p. 20-29.

D'après la conjecture de M. Tissot, ces magistrats auraient été nommés temporairement, à l'occasion de certaines solennités religieuses, qui attiraient les étrangers à Sparte. N'ayant guère des proxènes que le nom, en supposant qu'ils aient à rendre quelques bons offices aux étrangers des villes voisines ; les fonctions de ces magistrats auraient été plutôt celles de surveillants que d'hôtes publics et ne se confondaient point avec celles des autres proxènes (1).

Du reste, cette institution des proxènes magistrats probablement particulière à Sparte, et exceptionnelle même dans cette ville, semble n'avoir pas survécu longtemps aux guerres médiques (2).

(1) M. Millitz leur accorde un droit de juridiction, Manuel cité, t. I, p. 9.

(2) M. Bœckh croit trouver à Pétilia et à Corcyre ces anciens proxènes-magistrats. M. Tissot conteste l'opinion du savant épigraphiste et serait disposé à admettre cette institution à Delphes, où l'oracle d'Apollon et la célébration des jeux pythiques attiraient un grand nombre d'étrangers. Cf. Bœckh, Corp. insc., t. I, p. 11, et M. Tissot, p. 20-29. — Laurent, loc. cit., t. II, p. 112.

ROME.

Les Romains n'ont point admis l'institution des consultats, tels que nous les voyons organisés dans les Etats d'Europe. Il suffit de connaître les principes politiques de Rome pour se persuader que jamais son gouvernement n'eût permis à des envoyés étrangers d'exercer quelque autorité sur le territoire romain (1).

Le *Prætor peregrinus*, chargé à Rome de rendre la justice aux étrangers ne peut point être comparé à nos consuls du moyen âge et à nos consuls modernes; MM. de Steck (2), Pardessus (3), et Miltitz (4) sont d'accord pour reconnaître la différence qui existe entre les deux institutions.

Le *Prætor peregrinus*, en effet, était nommé par la République romaine, et choisi parmi les citoyens Romains, tandis que les consuls sont nommés par le gouvernement qui les envoie, et sont pris parmi ses sujets. Le *Prætor peregrinus* était le même pour tous les étrangers, sans distinction de nationalité, ce qui n'a pas lieu pour les consuls. « Enfin, ce magistrat, nous dit le savant M. Giraud, ne suivait, dans l'exercice de sa charge,

(1) Peuchet prétend (Dict. de géogr., au mot Espagne), que l'empereur Claude avait accordé, aux commerçants de Cadix, le privilége d'être affranchis de la juridiction des tribunaux que établis par César en Espagne. On ne peut voir en cela qu'une exception locale.

(2) De Steck. Essais sur les consuls, p. 12.

(3) Pardessus Collection de lois maritimes, t. I, p. 81.

(4) Miltitz. Manuel des consuls, t. I, p. 14.

aucune règle fixe pour la procédure, ni aucune règle civile pour le jugement du fond ; il n'était astreint qu'aux lois de l'équité (1). » Et nous savons que la création de nos consuls a eu pour but de garantir aux étrangers le bénéfice de leur droit national.

C'est au *Polémarque* que nous comparerions plutôt le *Prætor peregrinus* ; ces deux magistrats, l'un à Athènes, l'autre à Rome, eurent la même juridiction (2).

Mais nous retrouvons, chez les Romains comme chez les Grecs, le contrat d'hospitalité privée. A Rome, la *tessera hospitalitatis* jouait le même rôle que le σύμβολον en Grèce ; la *tessere* était le gage de cette alliance entre deux particuliers.

Nous voyons également des villes accorder l'hospitalité publique à des personnes distinguées par leur rang et par leur crédit, qui leur avaient rendu des services importants, et dont elles voulaient se faire des protecteurs. Ces pactes sont rédigés selon la formule des proxénies, au nom du Sénat et du peuple contractant (3).

(1) M. Giraud. Eléments de droit romain, introd., p. 114.

(2) G. Perrot. Essai sur le droit public à Athènes, 1867, p. 281.

(2) L'acte authentique qui constatait ces relations s'appelait comme la marque de l'hospitalité privée ; « *tessera hospitalitatis.* »

(3) Cf. Tomasini. *De tesseris hospitalitatis*, p. 108. — Ameilhon., Acad. des Inscript., t. 49. Mémoire sur une inscription trouvée à Tunis. — Laurent, loc. cit., t. III, p. 69 et suiv.

LOI DES VISIGOTHS.

Nous venons de voir, en étudiant les proxénies, quelle était l'institution protectrice des étrangers dans les cités helléniques, et dans quelle mesure imparfaite l'hospitalité publique suppléait à nos consulats.

Les Égyptiens avaient accordé des priviléges plus étendus aux commerçants qui abordaient à Naucratis, et nous trouvons, me sembla-t-il, dans la magistrature des *Prostates*, sinon l'origine de l'institution consulaire, du moins le témoignage concluant de la mise en œuvre d'idées analogues : les rites sacrés, la législation de la mère patrie, qui suivent l'émigration et s'implantent avec elle sur le sol étranger, grâce à la concession du prince de ce pays (1).

Nous devons franchir plusieurs siècles, arriver à la chute de l'empire d'Occident, pour retrouver les traces originaires de notre institution.

Une disposition de la loi des Visigoths autorisait les marchands étrangers à soumettre leurs différends à des juges nationaux. « Quand les marchands d'outre-mer, porte une loi de ce Code, auront entre eux des procès, que leurs propres magistrats (*telonarii*) rendent la justice, suivant les lois de leur pays, sans qu'il soit permis aux juges de nos tribunaux d'intervenir. » « Dum trans-

(1) Mortreuil, Consulats marseillais dans le Levant, 1 brochure, 1850. — De Gabrielli, Discours de rentrée : De la juridiction française dans le Levant. 1 broch., Aix, 1850.

« marini negociatores inter se causam haberent, nul-
« lus de sedibus nostris eos audire præsumat, nisi tan-
« tummodo suis legibus audiantur apud telonarios
« suos. » (Code des Visig., liv. XI, tit. ii, § 2) (1).

Ce chapitre, écrit M. Pardessus, est justement considéré comme un des plus anciens monuments de la juridiction accordée aux consuls qu'une nation entretient
en pays étranger sur ses sujets qui y résident.

La loi des Visigoths paraît avoir été appliquée d'abord
en Espagne et en Septimanie, et par rapport aux étrangers, Grecs, Syriens, Égyptiens, qui venaient dans ces
provinces.

On ne saurait prétendre sans doute que les concessions bienveillantes d'Amasis et la prévoyance de la loi
des Visigoths, qui apparaissent dans l'histoire à plus de
dix siècles d'intervalle, doivent être acceptées comme
l'indice de la persistance d'une institution, qui se serait
maintenue depuis les temps les plus anciens. Pendant
cette longue période, les nations ont été en butte à trop
de bouleversements pour croire à une tradition non in-
terrompue de rapports commerciaux, qui auraient été
protégés d'une manière toute spéciale.

Ces deux magistratures, que leur analogie rapproche,
nous apparaissent donc isolées dans l'histoire.

(1) Pardessus, loc, cit., t. I, Introd., LXV et p. 183. C'est donc à tort
que M. Bouchaud rapproche ces *telonarii* du *prætor peregrinus* des Romains. Bouchaud, Théorie des traités de commerce; édit. 1778, p. 140
et s. — Cf. Miltitz, loc. cit., t. I, p. 161, et t. II, p. 4, notes 1-2. — De
Pouqueville, Mém. cit., p. 527.

L'institution consulaire, dans la période que nous avons embrassée, va nous présenter deux caractères essentiels ; elle aura pour but à la fois d'assurer aux commerçants, trafiquant loin de leur pays, une protection efficace et de leur garantir la *libre pratique de leurs lois nationales*. Les consuls, en effet, soit dans le Levant, soit en pays chrétiens, seront les protecteurs et *les juges ae leurs nationaux*.

On a déjà fait remarquer bien des fois le phénomène singulier d'organisation sociale que présente cette institution. Le droit de rendre la justice est une partie essentielle de la souveraineté ; il appartient au chef de la nation et s'étend à tous ceux qui habitent le territoire, quelle que soit leur patrie. Notre vieil axiome, *que toute justice émane du roi*, a son écho dans le monde entier. En consentant à l'établissement des consuls, avec les pouvoirs dont ils étaient investis, les souverains territoriaux s'étaient donc réellement dépouillés d'une partie de leurs droits, en faveur des étrangers, qui venaient s'établir dans leurs Etats ; et, par suite de ces prérogatives consulaires, on voit des magistrats nommés par des princes étrangers, appliquant des lois étrangères, gouverner une fraction plus ou moins considérable de la population d'un pays.

La conquête des provinces de l'empire d'Occident par

Reynaud.   6

les barbares et leur division en un grand nombre d'Etats indépendants ; l'établissement des peuples musulmans sur les rives asiatique et africaine du bassin de la Méditerranée, au viie siècle, donnèrent à une institution protectrice du commerce international une importance qu'elle n'avait jamais eue dans l'antiquité.

Nous dirons avec MM. Depping (1) et Miltitz (2), que, sans aucun doute, les premiers consulats modernes à l'étranger ont été établis dans le Levant, mais qu'il serait bien difficile de déterminer à quelles années ils peuvent remonter et quel est le peuple chrétien qui peut s'attribuer l'honneur de les avoir fondés.

Dans le Levant, où les marchands et les navigateurs chrétiens étaient continuellement exposés à des vexations de la part des autorités locales, à des outrages de la part des indigènes, le besoin de s'entourer de garanties se fit sentir bien plus vivement qu'en Europe. Remarquons en outre que, lorsque deux peuples ont des habitudes et des législations sans points de contact, aucun commerce sérieux n'est possible entre eux qu'à la condition que les négociants de l'un, s'ils se transportent chez l'autre, y trouvent leur justice nationale, celle dont ils connaissent les principes et sont habitués à respecter les arrêts. A plus forte raison cela sera-t-il vrai quand les Codes étrangers seront inspirés par une religion différente.

Il fallait, dans ces villes maritimes qui trafiquaient dans les ports orientaux, un agent de leur pays, accré-

---

(1) M. Depping, Commerce entre le Levant et l'Europe depuis les Croisades. Paris, 1830, t. II, p. 20.

(2) Miltitz, loc. cit., t. II, p. 3. — Cf. Pardessus, Collection citée, t. I, introd., p. LXVI. — De Gabrielli, Discours cité.

dité auprès des autorités locales, chargé de veiller au maintien de leurs priviléges, et auquel ils pussent s'adresser pour faire valoir leurs réclamations, pour obtemir justice.

Dès le xiiᵉ siècle, ces agents sont appelés « *consuls d'outre-mer* » ou « *consuls d l'étranger* » (1).

Les souverains arabes durent être d'autant moins éloignés de faire ces concessions, qu'elles étaient conformes à leurs propres usages.

Ils avaient obtenu, au viiiᵉ siècle, de l'empereur de la Chine, l'institution d'un juge mahométan à Çaufou, qui jugeait, d'après les lois musulmanes, les différends entre Mahométans, trafiquant dans ce port. Ce fait remarquable est consigné dans les relations de deux voyageurs arabes, parmi les anciennes relations des Indes et de la Chine (Paris, 1718) (2).

Sans attacher trop d'importance à un document dont l'authenticité est contestée par quelques savants, nous

(1) On désigna, dans le moyen âge, par le titre du *juges-consuls*, ou *consuls-marchands* ou *consuls de la mer*, les juges des tribunaux spécialement institués dans presque toutes les villes maritimes du midi de l'Europe, pour juger les contestations commerciales. Aussitôt que nous voyons en Italie les villes se rendre indépendantes, nous y trouvons les marchands sous une juridiction spéciale. Ces magistrats furent désignés par le titre de *consuls des marchands*, *consuls de l'art de la mer*. D'après les chroniques de la ville de Pise, nous savons que cette magistrature y existait avant le xᵉ siècle. A Montpellier, il y eut des *consuls de mer* dès le xiᵉ siècle.

La haute antiquité de ces juges-consuls fait dire à M. Miltitz et à plusieurs auteurs, que l'institution de nos consulats d'outre-mer, n'était que l'extension à l'étranger de l'institution des juges-consuls dans l'intérieur des pays.

Miltitz, loc. cit., t. I, p. 04, note 1 ; p. 162 et s. — Cf. Azuni, Système de droit maritime, t. I, p. 395. — Depping, loc. cit., t. II.

(2) Voy. Klaporth, t. V, journal asiatique. — Depping, loc. cit., 2ᵉ vol., p. 22.

signalerons cependant un privilége, par lequel Mahomet aurait permis aux chrétiens, entre autres avantages,
de protéger leurs juges. Ricaut nous donne le contexte
même de ce traité, qui avait été trouvé dans le couvent
des religieux du Mont-Carmel. «Que les chrétiens viennent» aurait dit le prophète : «Je promets de protéger
leurs *magistrats* dans nos provinces, avec mon infanterie
et ma cavalerie, avec nos troupes auxiliaires et avec
les fidèles qui me suivent » (1).

Cependant nous devons dire que les premières lettres-
patentes, où se trouve mentionnée la magistrature consulaire française, datent du milieu du xii* siècle et ont
été octroyées par les princes croisés.

Mais, si nous jetons un coup d'œil sur le très-ancien
commerce de nos villes maritimes dans le Levant, nous
nous expliquerons comment, avant cette époque, nos
consulats ont dû devenir nécessaires. — Nous verrons
pourquoi plusieurs auteurs ont pensé que, sans trop de
témérité, il serait permis de conjecturer qu'il a dû exister
antérieurement aux Croisades de pareils priviléges, dis-
parus, il est vrai, mais que quelques documents historiques nous laissent deviner.

Le commerce que faisaient les habitants des Gaules
avec le Levant, par l'entremise de Marseille, remonte à
une haute antiquité ; et les villes de Narbonne et de
Montpellier comptent au premier rang des anciennes
villes marchandes ; après elles, viennent Arles, Agde
Toulon, Antibes et Fréjus.

<hr>

(1) Miltitz, Appendice du t. II, donne la traduction du traité d'après
Ricaut (Hist. de l'état présent de l'Empire ottoman). Comp. les notes du
même auteur à la p. 4, t. II, et le nouveau témoignage que donne
M. Italinski de l'authenticité de ce document.

Mézerai nous apprend que nos rois tiraient du commerce, que leurs sujets faisaient dans l'empire d'Orient, de fortes pensions, et qu'on amenait de ce pays-là en France une grande abondance d'or et d'argent, comme aussi quantité de pierreries, de soie, de riches vêtements et ornements (1).

Ce fut au commencement du viii⁰ siècle que les Provençaux se rencontrèrent, dans les parages de la Palestine, avec les armateurs de Venise, et qu'ils y trouvèrent les marchands de Gênes, de Pise, de Florence et surtout d'Amalfi, laquelle avait déjà des capitulations avec les khalifes.

Charlemagne, devenu maître d'une partie de l'Italie, voua des soins particuliers au commerce maritime. Il sut entretenir la bonne harmonie avec les empereurs de Constantinople, et prit les mesures pour multiplier, en faveur de ses sujets, des moyens d'accès et de sûreté dans les pays occupés par les Musulmans. L'histoire a conservé le souvenir des témoignages d'estime que lui donna le célèbre kalife Aaroun-al-Raschid.

De tout ce que nous disent les historiens sur ces relations du kalife avec le roi de France, on peut vraisemblablement y voir la preuve, que les Français avaient été autorisés à former des établissements permanents à Jérusalem, où nous savons qu'ils possédaient des monastères, des églises, des hospices et jusqu'à une bibliothèque (2).

(1) Mézerai, Abrégé chronologique de l'histoire de France, ad ann. 038.

(2) Cf. Chroniques de Saint-Denis, sur la transmission qui fut faite à Charlemagne des clefs du Saint-Sépulcre, t. V, Annales de l'histoire de France, p. 248. — De Guignes, Acad. des Insc., Mém., t. XXXVII, p. 439, dans lequel on examine quel fut l'état du commerce des Français, etc. — De Pouqueville, Mém. cité. — Millitz, loc. cit., t. II, p. 7.

Dans un ouvrage récent, M. Hautefeuille n'a pas hésité à affirmer que « les premiers consuls chrétiens admis chez les Sarrasins furent ceux envoyés par Charlemagne en Palestine » (1).

Mais nous devons dire que les conventions qui durent intervenir pour donner aux Français trafiquant en Palestine des garanties efficaces, ne nous sont pas connues. — J. Barbeyrac nous parle bien d'une convention intervenue entre le khalife et l'empereur Charlemagne, mais il n'en donne pas le texte, et les documents historiques se bornent aux quelques renseignements suivants : Celui qui voulait se rendre dans un pays soumis aux Musulmans devait y être autorisé par son souverain; cette lettre de créance, remise au prince ou au gouverneur du pays, lui servait à recevoir des passeports ou sauvegardes pour aller plus loin. Souvent ces sûretés n'étaient accordées que moyennant une rétribution, et les commerçants achetaient aussi la faculté d'étaler dans les marchés publics.

A ces traits, on reconnaît les capitulations qui ont été conclues depuis entre la France et la Porte Ottomane ; la nécessité où étaient les Français qui allaient s'établir au Levant d'y être autorisés par le roi; les fermans ou sauf-conduits qui sont encore en usage; les avanies ou perceptions arbitraires dont on a de fréquents exemples de la part des autorités musulmanes (2).

Voilà sans doute l'origine de nos concessions en

<hr>

(1) M. Hautefeuille, Histoire des origines du droit maritime international, 1869, 2. période.

(2) Pardessus, loc. cit., t. I, introd., p. 63.—Miltitz, t. II, p. 8. On trouve dans les Actes des saints de l'ordre de Saint-Benoît des relations de voyage d'outre-mer qui témoignent de notre commerce en Orient. — Cf. De Guignes, Mém. cité, p. 483. — De Pouqueville, Mém. cité, p. 831.

Orient, que des capitulations, dans la suite, ont confirmées et élargies.

Observons qu'on fait généralement remonter au temps
de Charlemagne l'usage, dans les pays Musulmans, de
désigner les Européens sous le nom de Francs (1).

Enfin, l'auteur de l'*Abrégé chronologique de l'Histoire
de Lyon*, Poullin de Lumina (p. 31), prouve que, tandis
que les Amalfitains s'établissaient en Syrie, les commerçants des villes du Midi avaient déjà des factoreries
importantes en Egypte; notre commerce y était considérable en 813 et en 820 (2).

« L'Orient, écrit M. Charrière (3), était entré dans le
mouvement de l'Europe. » Les Arabes l'avaient couvert sur plusieurs points de colonies florissantes, et
celles des chrétiens se multipliaient en Asie. Lorsque
les Turcs Seldjoucides, après avoir détrôné le kalife
de Bagdad, dont ils embrassèrent la doctrine religieuse,
conquis l'Asie Mineure, vaincu les Grecs, s'emparèrent
de Jérusalem.

On vit alors les mœurs jusque-là tolérantes revenir à
la barbarie, et de part et d'autre les esprits s'exalter. Un
pèlerin français, ardent en sa foi, Pierre l'Hermite,
témoin des maux que les chrétiens enduraient, alla
répandre de tous côtés ses « lamentations guerrières,«
qui furent entendues de toute l'Europe. Nous arrivons
aux Croisades.

(1) Pardessus, t. I, Introd., p. LXV.
(2) Cf. M. de Guignes, Acad. des inscript., t. XXXVII, Mém. cité, p. 483.
— De Pouqueville, Mém. diplomatique cité, p. 531.
(3) M. Charrière, documents cités, Introd., p. 7.

CONSULATS FRANÇAIS PENDANT LES CROISADES.

C'est pendant les Croisades que nous voyons accorder par les princes Francs, aux villes et aux nations maritimes, qui les aidaient dans leurs conquêtes en Syrie, la faculté de former dans les ports conquis des communautés marchandes, régies par des consuls de leur nation. De cette époque date le développement régulier de l'institution consulaire à l'étranger, qu'il est possible d'étudier désormais sur des chartes de priviléges, sur des titres authentiques.

Les villes maritimes de l'Italie et de la Provence restèrent à peu près étrangères au mouvement de la première Croisade, qui s'opéra par la voie de Constantinople; mais, à la nouvelle des premiers succès, elles s'empressèrent de fournir les vivres et les munitions, dont était dépourvu un pays que vainqueurs et vaincus avait ravagé.

Dès ce moment des relations actives s'établirent entre les nations, qui se mêlaient dans ces voyages; entre les commerçants Européens et le royaume de Jérusalem. Les Croisades suivantes s'effectuèrent par des transports maritimes, et les navires revinrent chargés des produits si riches de l'Asie.

Les nouveaux maîtres de la Syrie et de la Palestine ne tardèrent pas à accorder de nombreux priviléges à ces villes maritimes, tantôt à titre de reconnaissance, quelquefois aussi comme prix de l'assistance qu'elles leur avaient prêtées. « Tandis que les guerriers francs, écrit un historien, prodiguaient leur sang et leurs richesses, ces villes se faisaient payer pour les aider à faire des conquêtes, dont elles seules recueillaient le profit. »

C'est ainsi que les Vénitiens, en promettant au royaume de Jérusalem des secours pour le siége de Tyr (en 1123), avaient eu soin de stipuler, qu'ils auraient le tiers de la ville en toute propriété, et que les contestation entre Vénitiens y seraient jugées par des magistrats nationaux.

Les villes italiennes furent les premières à mettre à profit les circonstances, que je viens d'indiquer; Gênes obtint des priviléges à Antioche en 1098; Venise en 1099 à Jaffa, et les Pisans dès 1105 à Saint-Jean-d'Acre (1).

Plusieurs auteurs font remonter la plus ancienne concession obtenue par Marseille, dans le Levant, à l'année 1117 (2) et citent à l'appui l'historien Ruffi, p. 318, 322 et 325. — « Outre que ces citations, écrit M. Mortreuil, ne se rapportent à aucune des éditions de l'histoire de Marseille, il est positif que les archives de la commune n'ont jamais eu de titre de concession antérieur à celui de 1136 » (3).

Cependant nous trouvons dans Ruffi, sous le règne de Baudouin II (1118-1131), une mention de privilége accordée aux Marseillais. Elle est postérieure, il est vrai, à 1117, mais antérieure à 1136. « Baudouin II, nous dit l'historien (p. 65, édit. 1842), ayant eu durant sa vie de continuelles guerres avec les Turcs et Égyptiens, fut secouru par les Marseillais, auxquels il octroya en récompense de bons et importants services, comme d'avoir des fours pour leur usage, des

(1) Milltitz, loc. cit., t. II, p. 15.
(2) Milltitz, après M Pardessus, t. II, p. 16.
(3) Mortreuil, broch. citée.

rues où il n'était permis qu'aux seuls Marseillais d'habiter. »

En 1136, Foulques, comte d'Anjou, quatrième roi de Jérusalem et de Chypre, entre autres concessions, les exempta dans ses Etats de toute imposition. Le pape Innocent IV leur confirma ce privilége par une bulle expresse, dans laquelle il excommuniait tous ceux qui les troubleraient en la jouissance de leurs franchises et immunités (1).

Ces priviléges furent renouvelés et confirmés en 1152, par Baudouin III, fils et successeur de Foulques, étendus en 1198 par Amaury et son épouse Isabelle, qui accordèrent en même temps aux Marseillais une résidence dans l'île de Chypre (2).

Remarquons qu'il n'est pas encore fait mention de consulat dans ces titres de priviléges.

Le premier acte, où nous trouvons mentionnée la magistrature consulaire française, est de 1187. Le marquis de Montferrat, qui était seigneur de Tyr, permit, par lettres-patentes de cette date, aux marchands marseillais, d'avoir un consul dans cette ville (3).

(1) Papon, Histoire de la Provence, édit. 1776, t. II, preuves n° 11. C'est là le premier privilége dont fasse mention cet auteur. L'original de cet acte est aux archives de Marseille.

(2) Nous adoptons la date que donne à ce document M. Mas-Latrie dans son Histoire de l'île de Chypre, t. II, p. 27. Mais il existe une grande diversité d'opinions au sujet de la date de ces concessions. Dans l'*Histoire analytique des actes de la municipalité de Marseille*, publiée par MM. Méry et Guindon, ce document porte la date de 1180. — M. de Pouqueville écrit également 1180. V. M. de Pouqueville, Mém. cité, p. 556.

(3) Cf. De Pouqueville, Mém. cité. — Depping, cit., t. II, p. 27. — Miltitz, loc. cit., t. II, p. 181.

M. de Pouqueville nous dit que « l'institution consulaire qui remonte le plus haut dans le moyen âge est fondée sur deux chartes de Tancrède, prince d'Antioche, qui accorda un territoire aux Pisans pour y établir

A partir de cette époque, les concessions énumèrent la faculté d'avoir des consuls.

En 1190, le droit de juridiction est formellement concédé aux habitants de Marseille par Guy de Lusignan. Ce prince leur accorde un tribunal dans Saint-Jean-d'Acre (*curiam in Accon*). Le juge ne porte point encore le titre de consul; il est désigné sous celui de *vicomte;* nommé par ses nationaux, il s'oblige par serment de décider les causes d'après les coutumes marseillaises. Sa compétence embrasse toutes les contestations qui peuvent surgir entre ces Marseillais et un étranger, à l'exception du larcin, de l'homicide, de la trahison, de la fausse monnaie et du viol, que le roi retient dans ses attributions (1).

Les revers, auxquels les Croisés furent en butte, ne leur permirent pas de jouir paisiblement de leurs immunités dans le royaume de Jérusalem. Un acte conservé aux archives de Marseille (2), nous révèle qu'en 1212 la trace des quartiers affectés à leur résidence, dans Saint-Jean-d'Acre, était si bien perdue, que les deux consuls, qui étaient alors Guillaume Jourdan et Michel Donade, s'adressent à Jean de Brienne pour déterminer

une factorerie. » Mais Muratori (Antiq. Italic. med. ævi, t. II, p. 906) nous a conservé ces deux chartes (1108 et 1111), et aucune d'elles ne mentionne de privilége de juridiction. Il est hors de doute cependant que les premiers titres, qui attestent l'existence de consulats en Syrie, appartiennent aux villes italiennes. Voyez les titres énumérés par M. Miltitz dans le t. II.—Marin, dans son « Histoire du commerce et de la politique de Venise », nous dit que cette ville avait des consuls en Syrie » *da tempo immemorabile* » (t. IV, p. 87), et démontre qu'en 1117 Théophile Zeno y exerçait cette magistrature (t. III, p. 187).

(1) Papon, loc. cit., t. II, preuves.

(2) Mortreuil, broch. citée.

lo lieu et l'étendue do la concession et en renouveler les titres.

Jean d'Ibelin, seigneur de Berithe (Bairut), exempte, en 1223, les marchands marseillais du paiement de tous droits d'entrée ou de sortie; « il leur permet d'avoir des consuls pour la décision de toutes sortes do différends, qui pourraient naître entre eux, en ne se réservant que la connaissance du sang et de l'homicide. Ces priviléges furent confirmés par lo pape Grégoire IX, l'an 3' de son pontificat » (1).

Il est très-probable que Marseille obtint les mêmes priviléges dans toutes les places de Syrie, qui furent occupées par les seigneurs français, et ce fut au milieu du xiii' siècle que leur commerce s'éleva à la plus haute prospérité.

Ces établissements, placés dans un quartier de la ville, comprenaient presque toujours une rue, une église, un four, et se nommaient *fundics*, *fundici*, *fondigues*. Là étaient l'habitation des consuls, les entrepôts des marchandises, les magasins des nationaux, qui y faisaient leur résidence, ou qui s'y rendaient pour leur commerce.

C'est à cette même époque que Marseille se soustrait à la domination de ces seigneurs (1200-1230); s'érige en commune indépendante et consigne dans lo recueil de ses statuts un règlement qui détermine le mode de nomination, les droits et les devoirs de ses consuls en pays étrangers. (*Statuts de* 1253.)

L'issue malheureuse des Croisades ne permit pas aux princes chrétiens de conserver les possessions qu'ils

_____
(1) Ruffi, loc. cit., t. I, p. 105.

avaient conquises dans la Terre-Sainte, et nos avantages commerciaux durent tomber avec ces principautés.

Du moins, on ne trouve plus, à partir de cette époque, d'actes expédiés en faveur des consulats marseillais, quoique, en se soumettant au duc d'Anjou, dans les chapitres de paix, 1257 (1), Marseille eût stipulé qu'elle aurait le droit de faire des traités de commerce et d'instituer des consuls, comme au temps de son indépendance.

Notre commerce semble prendre alors une autre direction et s'étendre sur les côtes d'Afrique. Il est à remarquer, qu'au commencement du xive siècle, les fundics de Bougie et de Tunis figurent seuls dans les états d'affermage des revenus de Marseille (2). Cette ville recevait des ambassades des petits princes d'Afrique, et traitait avec eux (3).

D'ailleurs nous avons la preuve que Marseille ne faisait en cela que continuer des rapports commerciaux établis, depuis longtemps avec la barbarie, dont nous parlerons plus loin.

Nous voyons les villes les plus importantes du Languedoc se livrer également au commerce maritime.

Comme les villes de Provence, elles jouissaient alors d'une sorte d'indépendance de fait, en ce qui touchait leurs intérêts privés, tout en reconnaissant l'autorité nominale de leurs souverains; elles contractaient, soit avec d'autres villes du royaume, soit avec des pays étrangers des traités de commerce, accordaient ou stipulaient des priviléges, nommaient des *consuls* chargés

(1) Ruffi, loc. cit.
(2) Mortreuil, broch. citée.
(3) M. Charrière, loc. cit., t. I, p. 121

de protéger leurs navigateurs dans les pays lointains.

Narbonne et Montpellier tiennent une grande place dans les annales de notre commerce.

La ville de Montpellier fut le centre du commerce du Languedoc et de quelques provinces voisines, avant qu'Aigues-Mortes ne fût fréquentée par les navires de la Méditerranée. C'est par le port de *Lates*, à l'embouchure de la rivière de *Lez*, qu'elle faisait son trafic avec les villes d'Italie, d'Espagne et de Syrie.

Les marchands de Montpellier commencèrent à trafiquer avec la Palestine sous la protection des Marseillais. Dès le xiiie siècle, ils s'assurèrent par des traités des avantages personnels (1).

Et les marchands Narbonnais par un privilége de l'empereur Andronic III (1340), obtinrent le droit d'avoir à Constantinople et dans les autres parties de l'Empire grec « loge, consuls et terrain. »

Premiers consuls français en Egypte. — On ne possède que des notions très-incomplètes sur l'histoire des consulats français en Egypte. La perte d'une grande partie des archives de Marseille, qui furent pillées par le comte de Barcelone, lorsqu'il s'empara de cette ville en 1423, s'oppose à ce qu'on puisse connaître les traités qui durent intervenir; on peut cependant prouver qu'il en a existé.

Pendant sa captivité en Egypte (5 avr. 1250, 5 mai 1251), Saint Louis traita avec le sultan d'Egypte pour l'établissement de deux consuls, destinés à résider l'un à Tripoli et l'autre en l'isle d'Alexandrie (*Le Phare*). Les historiens du roi n'en font pas mention, il est vrai, mais c'est là une tradition, qu'on trouve exprimée dans

(1) Miltitz, loc. cit., t. II, p. 195.

plusieurs lettres et mémoires de nos ambassadeurs à Venise et à Constantinople.

François de Noailles, évêque d'Acqs, ambassadeur de France auprès de la Porte ottomane, dans un mémoire qu'il adressa dès son arrivée à Constantinople à Charles IX, chercho à détourner le roi d'entrer dans la ligue, projetée en Europe contre le sultan, et lui expose les avantages de l'alliance avec la Turquie. En parlant de notre commerce avec le Levant, M. de Noailles s'exprime ainsi : « Ce commerce fut premièrement dressé soubs les souldans d'Egipte et de Babylone, devant et durant le temps du roy sainct Loys, auquel fut permis par lesdits souldans d'instituer *deux consuls fran-çais*, l'un en Alexandrie d'Egypte et l'autre en Tripoli de Surie, soubs l'autorité desquels seulement peussent seurement et librement traficquer toutes les nations chrestiennes, lesquelles, depuis ce temps-là, ont toujours été nommées du nom de France, Franques, et encore aujourd'huy on ne les appelle point autrement » (1).

Un manuscrit de la Bibliothèque nationale (n° 403, Saint-Germain, fonds français) (2), attribue une grande

(1) M. Charrière, loc. cit., t. III, 259. — M. le baron de Testa, Recueil des traités de la Porte ottomane avec les puissances étrangères, t. I, p. 100. — Nous avons vu plus haut que certains auteurs font remonter cette appellation au temps de Charlemagne.

(2) Ce manuscrit ne porte que les initiales de l'auteur, P. A.; il a la date de 1667; il est intitulé : « Traicté des consuls de la nation Françoise aux pays estrangers, contenant leur origine, leurs établissements, leurs droits, esmoluments et autres prérogatives; le tout tiré de plusieurs tiltres, reglements, lettres de provision du Roy, arrests et autres pièces originalles touchant cette matière, par P. A. Con^{er} du Roy en ses Cons^{ls}, cy-devant principal commis de M. le comte de Brienne, secret^{re} d'Estat, ayant département des affaires estrangères, 1667. » Je dois dire que je n'ai vu ce manuscrit cité par aucun des auteurs, que j'ai pu consulter, cependant il me semble précieux à plus d'un titre, d'abord à cause des renseignements qu'il nous donne, sur une institution peu connue, dans les premières an-

ancienneté à nos consulats d'Egypte, et nous donne
un nouveau témoignage du traité de Saint Louis. « Ce
grand roy, lisons-nous, sachant de quelle importance
il était au bien de son Etat de conserver et même d'augmenter le commerce que les Français particulièrement
ceux de Provence et de Languedoc, faisaient depuis
longtemps en Levant, obtint des soldans d'Egypte et
de Babilone qu'il serait établi deux consuls français,
il vaut mieux dire rétabli (car il y en avait déjà eu
auparavant de la part de la ville de Marseille) l'un à
Tripoly de Syrie, l'autre en Alexandrie d'Egypte, et
qu'ils auraient cette prérogative seuls et privativement
à tous autres. »

La réponse que fit Jacques Cœur, au sujet d'un grief
contenu dans son acte d'accusation, montre que, pendant le xve siècle, le commerce français en Égypte
reposait sur des traités précis et clairs. Accusé d'avoir
renvoyé à Alexandrie un esclave chrétien, qui s'était
enfui de chez son maître musulman et d'avoir été ainsi
la cause de l'apostasie de l'esclave, Jacques Cœur répond que c'est pour éviter des représailles qu'il a renvoyé le fugitif, et il accuse à son tour son ancien facteur
d'avoir violé, en favorisant la fuite de cet homme, les
conventions faites avec le sultan.

nées de sa création ; et ensuite parce qu'il serait de nos traités, sur l'institution consulaire, le plus ancien en date. M. Miltitz nous dit en effet dans
sa préface que « la première théorie consulaire est l'Essai sur les consuls
de M. de Steck, en 1790 ; viennent ensuite MM. Borel en 1807, et Warden
1815.

M. de Pouqueville, dans son Mémoire historique, etc., cite un manuscrit des affaires étrangères coté sous le n° 114 et lui emprunte un certain nombre d'expressions, que j'ai retrouvées dans le manuscrit de la
Bibliothèque nationale. Je ne saurais affirmer si les deux manuscrits sont
identiques.

Plusieurs villes de l'Europe, dont le commerce n'était pas plus florissant que celui de nos villes maritimes de la Provence et du Languedoc, possèdent un grand nombre de traités avec les Musulmans au xiv° siècle. On n'en possède point qui soient antérieurs au xiii° siècle.

En 1320, les Marseillais avaient un *khan* (1) à Alexandrie, et de Lannoy, dans le voyage qu'il fit en Orient au xv° siècle, parle de la *fonde* des Marseillais dans cette ville. Au xiii° siècle, Montpellier institue des consuls en Égypte (2), et en 1377, dit Dom Vaissette (*Histoire du Languedoc*, t. IV, n° 517), les habitants de Narbonne stipulèrent l'établissement d'un consulat à Alexandrie.

Premiers consuls français en Barbarie.—Les relations de nos villes du Midi avec la Barbarie sont fort anciennes. Marseille, Arles, Montpellier, Narbonne entretenaient aux xii° et xiii° siècles, un commerce actif avec Tunis, Bougie, Oran, Fez, et autres villes de l'Afrique septentrionale.

Des accords écrits réglaient et garantissaient les rapports commerciaux des chrétiens et des musulmans. En juin 1293, les commerçants marseillais établis à Bougie, en écrivant au Conseil de ville de Marseille, fondent leurs plaintes sur la *convention* « la paz, » qui existait entre la ville et le roi de Bougie (3).

Marseille avait des consuls indépendants en Barbarie dès le xii° siècle, mais ce n'est que vers le milieu du xiii°, à la date des statuts municipaux de la cité, que

(1) Miltitz, t. II, p. 398. M. Sylvestre de Sacy, dans sa *Chrestomathie arabe*, donne plusieurs traités conclus entre les villes italiennes et les sultans d'Egypte (t. II, p. 41).

(2) Miltitz, loc. cit., t. II, p. 202.

(3) M. Mas-Latrie, Principaux traités de paix et de commerce conclus par la France avec les régences barbaresques, notice contenue dans le *tableau des établissements français* en Algérie, année 1840, p. 412-421.

Reynaud.   7

l'institution de ces magistrats paraît avoir été arrêtée d'une manière permanente.

Nous possédons un traité conclu en 1270, entre Philippe le Hardi, fils de Saint Louis et le roi de Tunis Abou-Abd-Allah Mohammed (1).

Ce traité assurait aux sujets des parties contractantes la liberté de commerce et de navigation dans leurs Etats respectifs; il les laissait entièrement libres de suivre dans leurs établissements ou comptoirs, les usages et la religion de leurs pays.

Le commerce de la France sur les côtes septentrionales d'Afrique se maintint et s'accrut, durant le xiiie et le xive siècle. Nous le voyons décliner dès le siècle suivant.

Premiers Consuls français dans les pays d'Europe. — Nous n'avons encore parlé que de nos consuls en Orient, mais, dès le xiie siècle, nous voyons *des consulats* successivement établis par les républiques italiennes et les villes maritimes de la Catalogne, du midi de la France et de l'Allemagne septentrionale dans *les pays d'Europe*, avec lesquels elles entretenaient des relations commerciales.

Tous les Etats qui, dans les siècles du moyen âge, participèrent au commerce de la Méditerranée et de la *Baltique*, comprirent l'utilité d'établir, chez les nations voisines, dans les grandes places de commerce et principalement dans les ports de mer, leurs nationaux

(1) L'original même du traité écrit en arabe se conserve aux Archives. M. Sylvestre de Sacy est le premier qui ait fait connaître ce monument. —Cf. Mém. Acad. insc., t. IX.—M. Reinaud, Journal asiatique, année 1827, p. 135.

réunis en corps, dans des quartiers séparés et soumis à l'autorité de leurs *consuls* ou Aldermans.

Nous n'avons pas à nous occuper ici de la grande association des villes d'Allemagne, la plupart du Nord, formée au XIII⁰ siècle sous le nom de *Ligue hanséatique*. Nous dirons seulement que les fonctions confiées, par les Etats maritimes du midi de l'Europe aux consuls à l'étranger, étaient remplies et au delà par les *Aldermans* des villes confédérées; la cause principale, en effet, des établissements de la confédération hanséatique fut l'indépendance absolue de ses membres *de toute juridiction territoriale* dans les pays où ils faisaient le commerce (1).

L'institution consulaire dans les pays d'Europe, quoique d'un besoin moins impérieux sans doute que dans les pays du Levant et de Barbarie, était commandée par le peu de progrès que la civilisation avait faits à cette époque. Une rivalité souvent hostile existait entre les peuples commerçants; leur manque de bonne foi, dont ils s'accusaient de part et d'autre, leur inspirait une méfiance mutuelle; les traités étaient peu respectés, et des alliances souvent violées leur offraient peu de garantie. Exposé ainsi à des dangers, le commerce ne pouvait se soutenir et se développer qu'à l'ombre de la protection de nos consuls, qui étaient alors les seuls représentants permanents de leurs nations respectives à l'étranger. L'usage d'entretenir dans les cours étrangères des légations perpétuelles ne s'est établi que vers le XVII⁰ siècle (2).

(1) Voy. Miltitz, loc. cit., t. II, p. 336-384.
(2) Klüber, Droit des gens moderne de l'Europe, t. I, p. 282.

De nos provinces maritimes de la Provence et du Languedoc, c'est Narbonne qui nous offre les *titres* les plus anciens de l'établissement de nos consuls à l'étranger. En 1148, cette ville jouissait, à Tortose en Espagne, d'un établissement commercial « *fondits* » et de la faculté d'avoir un consul. Don Vaissette, dans son histoire du Languedoc (liv. xvii, § 72), rapporte la charte concédée durant le siége de Tortose. Narbonne avait également obtenu en 1166 à Gênes, et en 1174 à Pise, de semblables priviléges (1). Des traités postérieurs en 1270, en 1303 avec Tortose; avec Gênes en 1224 et en 1279, confirment ses établissements consulaires.

Dès le xiii° siècle, Montpellier entretenait des consuls à Venise et à Barcelone.

Marseille, en faisant sa soumission au comte de Provence, obtint, de ce prince, d'importants priviléges en Italie. Ce fut alors en effet que le roi Charles 1er institua un consul et bâtit une loge pour les sujets marseillais résidant à Naples. Cette loge ou hôtel, situé sur la place du port, ne servait pas seulement d'habitation au consul, de siége à son tribunal, et de centre de réunion à ses nationaux; tous les Marseillais qui se rendaient à Naples, y jouissaient du droit de gîte pendant leur séjour; des chambres disposées dans cette loge étaient destinées à les recevoir. Des lettres patentes de Charles II, des 14 janvier 1291 et du 17 juin 1308, confirmè-

---

(1) M. Ferd. de Lesseps, Note sur l'origine des consulats français et espagnols, Journal des Economistes, année 1842, p. 257. — Cf. Miltitz, loc. cit., t. II, p. 194.

On voit que, s'il est à peu près certain, comme le disent MM. Depping et Miltitz, que nos premiers consulats ont été établis dans le Levant, les *preuves* écrites de cette magistrature seraient pour l'antériorité de l'institution des consulats en Europe.

rent la donation de cette loge (1). « Ce qui fut confirmé
(manuscrit cité) par la reine Jeanne, le 27 février 1343
et par Louis 1er le 8 mars 1384.

« Suivant cet exemple, Louis II, roy de Jérusalem et
de Sicile, comte de Provence leur fit expédier ses lettres
patentes en l'an 1489, par lesquelles conformément aux
chapitres de paix et à leur privilége, il leur confirma le
droit et la faculté d'élire et d'instituer des consuls en la
ville de Gennes et en tous autres lieux généralement quel-
conques, ainsi qu'il était accoutumé d'ancienneté » (3).

L'Etat de mutilation, où se trouvent les recueils des
délibérations du conseil municipal de Marseille, n'a permis à M. Mortreuil de recueillir que quelques noms des
consuls marseillais à Gênes, antérieurs au xv° siècle.

Les traités ou les priviléges, en vertu desquels les
villes de la France méridionale faisaient le commerce,
établissaient des comptoirs et instituaient des consuls
dans les pays barbaresques, en Egypte, en Syrie, sur
les côtes de l'Asie mineure, à Constantinople, etc.,
étaient, comme on l'a vu, le résultat de négociations, que
ces villes entamaient et suivaient en leur propre nom,
sans l'intervention ou l'autorisation des rois. Ces derniers cependant ne restaient pas indifférents aux progrès
de ce commerce (2).

Nous avons déjà dit que Saint Louis, pendant sa captivité, obtint du sultan l'établissement de deux consuls
en Egypte, et nous savons qu'en 1270 Philippe le Hardi
fit un traité dans l'intérêt du commerce en Afrique.

Plus d'un siècle après nous retrouvons des négocia-

(1) M. Montreuil, broch. citée.
(2) Pardessus, t. III, p. 112.
(3) Manuscrit Saint-Germain, cité.

tions faites par ordre et au nom du roi pour l'extension et la garantie du commerce français chez les Musulmans. On les doit à l'habileté et à l'influence de Jacques Cœur.

L'habile argentier du roi Charles VII avait vu le ralentissement qu'éprouvait le commerce dans le port de Marseille ; le moment lui parut favorable pour augmenter l'importance de Montpellier, il en fit le centre de ses opérations ; elles furent calculées et exécutées avec tant de prudence et de sagesse, que toutes furent couronnées de succès. « Il estait venu, nous dit Georges Chastellain dans sa chronique, de cent à cent mille et de cent mille à nombre de millions par son sens. La gloire de son maistre, fit-il bruire en toutes terres et les fleurons de sa couronne fit-il resplendir par les lointaines mers. Tout le Levant il visita alout (avec) son navire, et il n'y avait sur la mer d'Orient, mât revestu sinon des fleurs de lys. »

Jacques Cœur profita de sa position auprès de Charles VII pour donner une sorte de caractère officiel aux relations qu'il avait en Egypte, et le sultan flatté de recevoir ses présents écrivit en 1447 une lettre au roi, par laquelle, il promit sa protection aux commerçants français, en autorisant l'envoi d'un consul (1).

(1) Nous lisons cette lettre dans une chronique contemporaine de Mathieu de Coucy ; elle est curieuse à plus d'un titre, et nous la transcrivons ici :

« Ton ambassadeur, homme d'honneur, gentilhomme, lequel tu nommes Jehan Villaige, est venu à la mienne Porte Saincte et m'a présenté tes lettres avec le présent que tu m'as mandé, et je l'ai reçeu, et ce que tu m'as escript que tu veux de moy, je l'ai faict. Et si ai faict une paix à tous tes marchands par tous mes pays et ports de la marine, ainsy que ton ambassadeur m'a sçeu demander... et s'y mande à tous les seigneurs de mes terres, et par spécial au seigneur d'Alexandrie, qu'il fasse bonne compaignie à tous les marchands de la terre et sur tous les

Cependant nous sommes arrivés à une période néfaste pour le commerce; la guerre des Anglais au Nord et à l'ouest de la France et les luttes soutenues dans le midi pour les comtes de Provence pour conserver les droits de la maison d'Anjou à la couronne de Naples et de Sicile rendirent le commerce périlleux et peu productif.

Nos établissements consulaires furent alors forcément négligés, pour ne pas dire oubliés. Les marchands du Languedoc et de la Provence, se servaient des Vénitiens et de quelques autres nations (1), pour faire leur trafic, lorsque Louis XI défendit « de laisser entrer dans le royaume aucunes épiceries ni autres marchandises du Levant, si elles n'étaient chargées sur des vaisseaux français » (2).

Bientôt, Marseille parvient à s'affranchir du secours que les Vénitiens lui fournissaient, et le commerce français ne tarde pas à reconquérir l'influence qu'il avait perdue.

RÉTABLISSEMENT DE NOS CONSULS FRANÇAIS DEPUIS LE XVIᵉ SIÈCLE JUSQU'A 1681.

Dès maintenant, mettant à profit les nombreux renseignements que nous a laissés le manuscrit de la bibliothèque nationale, nous suivrons le rétablissement de nos consulats français au Levant, dans la Barbarie et dans les pays d'Europe ; nous arrêterons

aultres ayant liberté en mon pays, et qu'il leur soit faict honneur et plaisir; et, quand sera venu le consul de ton pays, il sera à la faveur des aultres consaux, bien haut.....

« Sy te mande par ledit ambassadeur un présent, c'est à sçavoir du baume fin de notre saincte vigne, etc. »

Cf. Salvador, L'Orient, Marseille et la Méditerrannée, p. 102.

(1) Manuscrit Saint-Germain cité.

(2) De Pouqueville, Mém. cité, p. 549.

mes recherches en 1681, époque à laquelle l'usage d'établir des consuls étant devenu général, la législation des établissements consulaires français fut fixée par la célèbre ordonnance de la marine de Colbert.

Nos capitulations avec la Porte ottomane. — Dès le commerce du xvie siècle, sous le règne des sultans d'Egypte de la dynastie circasienne, les marchands français trafiquaient à Alexandrie, au Caire et dans toute l'Egypte.

Le sultan Sélim 1er, après la conquête de l'Egypte en 1517, y confirma les priviléges des Français avec des ampliations.

Je crois devoir insérer ici, à cause de l'obscurité qui règne au sujet de cet acte, le *Hatti-Chérif*, par lequel Soliman II confirma, en 1528, les anciens priviléges des Français et des Catalans en Egypte. Cette capitulation n'est pas sans doute la première concession que les Français aient obtenue en Egypte, puisqu'elle n'est qu'une confirmation de précédents priviléges, mais c'est le premier acte authentique, qui nous ait été conservé, de nos relations commerciales avec la Porte. Si l'original du traité n'existe plus, on en trouve la copie dans plusieurs manuscrits (1).

Je transcris la copie de ce « commandement » d'a-

(1) M. de Pouqueville, dans son Mémoire historique et diplomatique, est le premier qui nous ait fait connaître, sous forme de résumé, les principales dispositions de cet acte. Toutefois ce savant auteur s'est trompé en lui assignant la date de 1518. L'année 935 de l'Hégire correspond à l'année 1528 de l'ère chrétienne (Art de vérifier les dates, t. I). M. Charrière, dans sa Collection de documents inédits de l'histoire de France, t. I, p. 123, donne le texte de cet acte, qui se trouve dans le Recueil de Sébastien de Juyé (Manuscr., Bibl. nat., supplém. fr., n° 503). — Cf. M. le baron de Testa, dans son récent Recueil des traités de la Porte ottomane avec la France, t. I, p. 23.

près le manuscrit existant au ministère des affaires étrangères.

Je dois ce document à la bienveillante communication de M. le directeur des archives de ce ministère.

Traduction du traité entre le grand Seigneur et les consuls catalans et françois pour le fait du comerce.

Le Royal et haut commandement de l'ordre libéral, le grand Dieu l'exalte, et lui donne route et passage, et pour tous ceux au devant desquels il se trouvera, Cadis, Emirs, écrivains, parleurs et ministres présidens de l'ordre en Alexandrie, savoir leur faisons que l'honoré et le bien créé consul, Jean Benette et Pierre Benette consuls des Catalans et François, est comparu à notre présence et présenté un commandement pour les François et Catalans à condition et pacte qu'il observerait, et nous a demandé un commandement en confirmation d'y celui avec les capitulations et conditions qui en y celui sontenües.

C'es à savoir :

1. Que les Catalans et François et autres nations qui sont sous leur consulat en Alexandrie, et qui arrivent aux ports et havres, soit en Alexandrie ou ailleurs, qu'ils soient surs en tous nos quartiers par terre et par mer, de tous nos ministres; et voulons qu'ils aillent et viennent surement de leur bon gré tant qu'il leur plaira, sans que personne leur donne trouble ou empêchement: si aucun d'eux voulait acheter marchandises qui ne fut défendue, qu'il la puisse acheter, que personne n'hardisse à l'empêcher.

2. Si aucun d'eux vouloit décharger navires, qu'ils

puissent cure le droit accoutumé sans aucune difficulté.

3. Si à aucun d'eux estoit fait tort et leurs Consuls vouloient qu'ils montassent à haute porte pour déduire avec leurs hommes ou lettres, le fait suivi, leur Baillé compagnie par les ministres, qu'il soit conduit à la haute porte et retourné à son Consulat.

4. Que toutes les robes et marchandises qui seront chargées dans les barques, soit fait la garde par un du côté des Catalans et un du côté de la douane et leur sera aprêté leur Bastan (1) et les barques quand on commencera à décharger aucuns de leurs navires.

5. S'il se rompoit aucun vaisseau des Catalans ou François près d'Alexandrie ou ailleurs, nos présidens fassent assembler des gens pour faire la garde aux marchandises qui seront chargées dans les[ts] [vaisseaux, et soient tentes ycelles gardées en Alexandrie ou ailleurs.

6. Tout navire qui sera jetté des vents au bout des terres des Maures, soit sur et sauvé, et personne ne lui donne aucun travail et fâcherie et ou le navire avec ses gens se noyeroit et que les M^dises ou Robes chargées and_t navire demeureroient dans les havres et bords en mer, que l'on doive prendre lad^te M^dise et la bailler au Consul des Catalans et François et où ne se trouveroit le Consul en l'endroit où led^t navire seroit rompu, que l'on doive porter lad^te Marchandise recouvrée à la haute porte et le tout soit conservé jusqu'à ce que le commis des Cat^lans compare pour la recouvrer.

7 Si aucun Catalan achetoit ou vendoit quelque sorte de marchandise, qu'il en doive passer le contrat selon

(1) C'est-à-dire leur portefaix. (Note de la copie.)

qu'il sera témoigné, lequel témoignage ne sera pas donné ou porté par le Catalan ou François, sauf autant que sa commodité pourra le lui permettre, lesquels pourront acheter en quelqu'endroit que ce soit et comme bon leur semblera.

8. S'il intervient aucun différend entre les Catalans ou François, le Consul en doive juger, excepté toutesfois, s'il y avoit du sang, car en ce cas nos présidens en jugeront, et si aucun d'iceux étoit débiteur à la douane, et se partissent sans l'avoir payée, qu'elle ne soit demandée à aucun autre pour y celui.

9. Quant aux marchandises desquelles on contracte et après un rompt le contrat, si aucun achetoit M^{dises} qu'il les doive voir et revoir et recevoir et découvrir bien suffisamment, le tout afin que le contrat passé, il n'y ait différend ni autres paroles contentieuses.

10. Qu'aucun Catalan ou François, ou qui s'appellera Catalan ou François, ne soit empêché par demandes qui apartiendront à d'autres, ne soit aussi molesté ou touché par terre ou par mer, si, toutefois, il n'étoit pleige (1), et que ce fut pour compte de la propre personne, autrement qu'il ne soit point molesté.

11. Si aucun François ou Catalan venait à passer de cette vie, et fit testament ordonné, ou il serait mort *ab intestat*, que le Consul ordonne de ses biens et le Consul n'étant présent, ou autres de les Francs, nos présidens envoyent les susd^{ts} biens ou robes au lieu ou sera led^t Consul.

12. Si les corsaires faisoient dommage aux Maures ou Chrétiens ou autres diverses nations de terre ou de

(1) C'est-à-dire caution. (Note de la copie).

mer, qu'il ne soit donné fâcherie à aucun François ou Catalan tant en sa personne qu'en ses biens, si toutefois il n'était pleige ou séduiseur.

13. Qui sera François ou Catalan ou dira être de grands entre les Catalans et François qu'aucun ne lui donne empêchement avec demande apartenante à d'autres, sauf à soi-même, si toutesfois, il n'étoit pleige, ne soit tenu ou condamné aucun des Catalans ou François ou Consul par commandement des Margabins, et leur nation, s'il n'était pleige, et que personne ne soit tenu de rendre compte que de soi même et non d'autre méchante personne de sa nation : qu'ils puissent accoutrer leurs églises connues en Alexandrie, en tout ce qu'il en sera déclaré, de la justice desquelles sera reconnu et confessé, ce qui en sera notifié par lad^{te} justice, le semblable aussi des Bannis pour y enterrer leurs personnes.

14. Qu'ils doivent acheter et vendre leurs M^{dises} lesquelles seront tirées de la douane, et avec le sçu du Consul ou syndic des François, en feront garder les Marchandises lorsqu'elles se déchargeront des navires, et qu'ils puissent choisir ce qui leur fera besoin des Marchandises qu'ils achètent à la présence du courtier selon la coutume.

15. S'ils venoient ez ports et havres des Maures, qu'on les recueille, et soient recommandés et leur prêtent aide, ne leur donnant travail ni fâcherie ni par terre ni par mer, que nos ministres y tiennent l'œil, et s'ils vouloient venir au Caire, leur sera permis sans leur donner aucun empêchement.

16. Ceux qui feront la recherche ne leur prenent chose aucune, et ne se déchargeront ou chargeront

leur marchandises sinon de leur vouloir, et ce qui leur sera gaté, les Bartages (1) seront tenus de leur payer.

17. S'il se conclud aucun marché à la présence des témoins, s'écriront le franc avec le franc, comme s'écrit le more avec le more, et avec le franc, et s'ils veulent que les témoins se souscrivent, qu'ils ne les puissent refuser et ne leur soit empêché le semblable aussi de police ou cédule qui se fait pour recevoir.

18. Si aucun des Catalans ou François ont acheté de l'épice ou autres marchandises, et que le vendeur se se repente, que l'on ne permette en façon aucune ladte vente estre annulléo et rompue.

19. S'il étoit venu au Consul chose pour manger ou boire, ou autre chose semblable, qu'il n'y soit rien touché ni ôté contre les coutumes. Le semblable s'il lui étoit venu de drap ou de soie pour se vêtir ou autre chose pour son usage.

20. Si le Consul avoit affaire de deniers pour la dépense de la maison ou de ses gens, et voulut rendre de la Mdise pour cet effet, qu'aucun ne lui porte empêchement.

21. Qu'il ne soit donné facherie au Consul ni à ses marchands que par voye de justice; et ne soit rien demandé au père pour le fils ni au fils pour le père, ni au frère pour le frère, si toutesfois, il n'était sous pleige ou fidéjusseur et ne soit demandé à aucun si non pour soi-même, et si aucun d'iceux s'en vouloit retourner à son pays, le puisse faire, ne se trouvant débiteur à personne par voye de justice et s'ils vouloient vendre aucunes de leurs Marchandises pour payer leurs dépens, qu'il ne

(1) Portefaix. (Note de la copie.)

leur soit empêché et ne leur soit pris pour le regard aucune dace (1), et ce s'entendant seulement jusqu'à la somme de cent ducats d'or, pour chacun Marchand, comme c'est la coutume par la venue des commande-mens Ghaurei (2), Bahrei, Tcherkzi, qui leur ont été concédés.

22. Que leurs Marchandises ne soient prises sans leur vouloir, que le salaire du Consul lui soit ordinai-rement déboursé et payé par la douane d'Alexandrie, mois par mois et ne soit grevé en chose aucune, et ne soient tenus de prêter aux ordinaires sans leur vouloir, et les navires qui seront dans les consulats desd^ts Con-suls ne leur soient ôtés par force, comme veut le com-mandement *cherif-gaureo* qu'ils ont obtenu.

23. Si le marchand franc avoit pour suspect le pri-seur qui prise sa marchandise, et la voulut faire une autre fois priser, qu'il puisse prendre tel autre priseur que bon lui semblera.

24. Si aucun avoit aucune demande ou prétention contre le Consul des Catalans ou François, qu'il ne lui puisse être demandé aucune garde pendant qu'il sera Consul.

25. Qu'il ne leur soit vendu épices, sans le vouloir d'iceux comme est l'ancienne coutume et ne leur soit fait gravesse aux marchands sans la voye de justice.

26. Et pour conclusion, en tous leurs négoces et ac-tions soient tenus d'y procéder par la voie ancienne, sans le renouvellement de chose aucune suivant le

(1) Douane. (Note de la copie.)
(2) C'est-à-dire Gaurites, Bahrites et Circassiens. C'est le nom des troi dynasties qui ont régné en Egypte. (Note de la copie.)

souscrit commandement [Serijo (1) qu'ils ont en main en date du 14eme.

L'an 913 dont en confirmation d'icelui, nous commandons qu'il soit permis et octroyé tout ce est cy dessus aux nations des François et des Catalans et autres nations sous le consulat de leur Consul, en soit fait écrit de toute sureté et foi, et qu'ils puissent vendre et acheter, recevoir et prendre sans aucun grief ni facherie, aussi qu'ils aillent et viennent avec sureté de leurs personnes et biens, et qu'il ne leur soit fait déplaisir; et à ce notre commandement soit obéi en tout et partout et mis en exécution par tous ceux à qui il sera rencontré.

Baza tent de sixième mouharrem (2) l'an 935 ce qui peut revenir à l'an 1528.

L'an 913 de leur égire revient environ à l'an de J. C. 1507, auquel temps regnoit Bajazet ayeul de Soliman.

C'est cette capitulation, croyons-nous, que M. de Flassan (Histoire générale et raisonnée de la diplomatie française, t. I, p. 367), que MM. d'Hauterive et de Cussy, (Recueil des traités de commerce t. II, p. 425), ont eu en vue en lui assignant par erreur une date antérieure. M. de Flassan s'exprime ainsi : «En 1508 *Jean et Pierre Benette*, consuls des nations française et catalane à Alexandrie, ayant présenté au sultan Bajazet II, une requête contenant certaines demandes relatives à la liberté du commerce dans l'empire ottoman et à différents

(1) On présume que c'est Tcherkzero, Circassien. (Note de la copie.)
(2) Nom du premier mois de l'année lunaire. (Note de la copie.)

circonstances, où pouvaient se trouver les négociants français et catalans ; ils avaient obtenu un commandement ou ordre de Sa Hautesse favorable à leurs demandes. » Et M. de Flassan se réfère à un manuscrit de la bibliothèque de l'Arsenal. Ce manuscrit de l'Arsenal que nous avons consulté, n'est autre que la copie de la capitulation que nous avons transcrite : c'est le même « traité entre le grand seigneur et les consuls des Catalans et Français pour le faict du commerce » octroyée sur la demande de « Jean Benette et Pierre Benette, consuls des Catalans et Français. » Il est daté de Baza le seixième Marhano l'an *neuf cents trente-cinq*, ce qui peut revenir à *mil cinq cents vingt-huit.* » Mais le mot vingt a été barré, de sorte qu'on lit « mil cinq cents huit. »

L'année de l'Hégire étant exprimée, nous ne pouvons avoir aucun doute sur la date véritable de la capitulation. L'an 935 de Mahomet correspond bien à l'année 1528 de l'ère chrétienne (1).

MM. d'Hauterive et de Cussy, en mentionnant également cette capitulation, écrivent que « ce commandement, qui n'est rapporté dans aucun recueil, fut accordé par le sultan Bajazet II, aux nommés *Jean et Pierre Benette*, consuls des nations Française et Catalane en Alexandrie. » Ils donnent à cet acte, « qui se compose de 26 articles, » la date de 935 de Mahomet à laquelle ils font correspondre l'année 1507 de J.-C.

<hr>

(1) Du reste, dans le même manuscrit, nous trouverions un témoignage que le mot *vingt* a été barré après coup. Sur la première page du Recueil manuscrit (classé sous le n° 638), où se trouve écrite la capitulation, nous lisons, en effet : « Traités faits entre le Grand-Seigneur et les Rois de France, potentats et Républiques de l'Europe, depuis le règne de François Ier (1528) jusqu'à Louis XIII (1635). »

Au nom des consuls qui obtiennent ce commandement, à l'étendue (26 art.) que MM. d'Hauterive et de
Cussy lui donnent et à la date de 935 de Mahomet nous
devons reconnaître que cet acte est bien la capitulation,
que nous avons transcrite et dont la véritable date est
de 1528.

Du reste, si cette concordonnance de texte ne suffi-
sait pas à établir que la capitulation, qui est attribuée
au sultan Bajazet II, n'est autre que l'acte du sultan
Soliman II accordé en 1528, nous ne comprendrions
pas, avec M. Miltitz, comment les consuls français et
catalans, établis à Alexandrie, et accrédités auprès du
sultan d'Egypte auraient pu présenter au sultan des
Ottomans, Bajazet II, avec lequel ils ne devaient avoir
aucune relation, une requête concernant certaines demandes relatives au commerce dans son empire. Nous
savons que ce n'est qu'en 1517 que Sélim Iᵉʳ a conquis
l'Egypte (1).

Ce commandement, qui est comme la base de tous les
priviléges accordés dans la suite à la France par la
Porte ottomane, est précédé d'un « advertissement » dans
le recueil des traictés de Sébastien de Juyé, ministre de

(1) M. Miltitz, qui n'a pas pu faire sans doute la comparaison des documents que nous citons, a émis cependant la conjecture de la confusion
des traités de 1507 et de 1528. « On ne comprend pas bien, écrit il (t. II,
p. 214, note 1), comment les consuls français et catalans établis à
Alexandrie et accrédités près du sultan d'Egypte, peuvent avoir été dans
le cas de présenter au sultan des Ottomans, Bajazet II, résidant à Constantinople, avec lequel ils n'avaient aucune espèce de relations, une
requête concernant certaines demandes relatives au commerce dans l'empire ottoman, qui se trouvait complètement hors de leur ressort consulaire. D'ailleurs, en admettant avec MM. d'Hauterive et de Cussy que le
commandement... porte la date de 935 de Mahomet..., cet acte ne saurait avoir été accordé par Bajazet II...,qui avait cessé de vivre dix-sept
ans auparavant..., dans l'année de l'Hégire 918 (1512 de J.-C.).

Henri III auprès de la Porte. Cet « advertissement » fait
connaître l'origine et la portée de cette concession.
« Longtemps auparavant (porte le manuscrit, Bibliot.
nat., suppl. fr. n° 503) et mesme du règne des Mamelucs
soldans d'Egypte, les marchands français navigaient et
trafficquaient seurement en Alexandrie, au Cayre et partout le dit Egypte et y avoient ung consul pour eulx, et
les Catalans. Des puys sultan Sélim, père dudit sultan
Soliman, après avoir subjugué à soy toute l'Egypte leur
confirma ce privilége et seureté de trafficq audit pays,
tout ainsi qu'ils avoient et usoient du temps des soldans, avec ampliations d'articles concédés audit consul
ainsin qu'il s'ensuit », (vient ensuite la copie du commandement).

Nous croyons être dans la vérité des faits et des dates
en concluant avec M. de Testa (1), « que les Français
et les Catalans à Alexandrie avaient obtenu de l'avant-
dernier sultan d'Egypte Kamsou Ghavri (de la dynastie
Circassienne), divers priviléges en vertu d'un comman-
dant du 14 Rébiul-Akhir 913 (23 août 1507), et que
celui-ci a été renouvelé par un Hatti-Chérif du sultan
Sélim 1er, dès l' « année 923 de l'Hégire (1517). » Nous
n'avons donc, dans le document que nous citons, portant
la date de 935 de l'Hégire ou 1528 de J.-C. que la confirmation de ces priviléges par Soliman II (2).

Nous ne saurions décider si les consuls Jean Benette
et Pierre Benette sont des consuls fra nçais ou des con-

(1) Baron de Testa, Recueil des traités cité, t. I, p. 22-23.
(2) Dans le manuscrit de Sébastien de Juyé, le commandement ne
porte qu'une date, celle de 935 de l'Hégire. Cette copie, nous dit M. Charrière (Négociations cit., t. I, p. 121), est écrite de la main même de
M. de Juyé.

suls catalans; quelle est celle des deux nations qui stipule au nom de l'autre nation.

Dans la copie de ce traité, que donne M. Sébastien de Juyé, la requête est présentée par « Johan Benoist de Pierre Benoist, consul des Cathelans et Françoys». Et M. Charrière nous dit que, par son nom, *ce consul* semble appartenir à la nation française.

En 1535, par les soins de Jean de la Forest, mandé à Constantinople comme plénipotentiaire, un traité d'amitié et de commerce fut conclu entre Soliman et François Ier (1). Les instructions de notre ambassadeur lui prescrivaient non-seulement de tenir la main aux anciennes lettres patentes, données en faveur des Français et des Catalans par les sultans d'Egypte, mais d'obtenir des concessions encore plus favorables (2).

Fondé sur le principe de la réciprocité, l'acte de 1535 a le caractère d'un traité synallagmatique. Les droits et avantages, qu'il assure aux Français, furent renouvelés et augmentés, non pas par des actes sous forme de traités bilatéraux, mais par des lettres patentes (3) obtenues en 1569, 1581, 1604, 1673 (2).

(1) M. Mas-Latrie, loc. cit.; M. le baron de Testa, loc. cit., p. 3.

(2) Le commandement que nous avons reproduit était transcrit en tête du traité de 1535. Un « advertissement ou esclaircissement » précède la copie de ce traité dans le manuscrit de la Bibl. nat. (Ms f. fr. 16167).

(3) « On appelle communément ces actes *capitulations*, écrit M. de Testa (p. 6, n° 3, Recueil cité); nous croyons que la qualification *lettres patentes* répond assez exactement, quant à l'essence et à la forme tout ensemble, au mot turc *ahdnamé*, qui sert plus spécialement à les désigner. Appliqué fréquemment aux traités proprement dits, le nom de *capitulations* ne saurait pourtant pas convenir aux actes unilatéraux dont nous parlons. Il faut donc entendre dans un sens restreint ce nom que l'usage leur a donné. Il est dérivé du bas latin *capitulatio*, qui signifie écrit ou acte contenant des chapitres (*capitula*), des chefs (*capita*), ou, comme l'on s'exprimerait aujourd'hui, des points, des articles. »

« C'est à tort, dit également M. de Flassan, qu'on a donné à ces ca-

Les stipulations de ces lettres patentes, faites en faveur de la France, servent encore de base à la jurisprudence consulaire dans le Levant, entièrement différente aujourd'hui de celle des autres parties de l'Europe ; nous aurons à les expliquer plus loin.

Nous ne pouvons dire à quelle époque précise nos capitulations reçurent leur application en Syrie. Le premier agent français que nous voyons accrédité à Tripoli et à *Bairut* se nommait *Jean Regnier*. Les lettres de confirmation qu'il prit du roi François Ier ne se trouvent nulle part ; mais elles sont énoncées dans les lettres de provision de son successeur, *Mathieu Teyssier* dit d'Aiguemortes, accordées par Henri II, le 5 mars 1548 (1). Il fut de nouveau confirmé dans sa charge par autres lettres patentes données à Saint-Germain-en-Laye, le 2 juin 1550, « sur le trouble qui lui avait été fait par le nommé Antoine Marei. » (1)..

Après le décès de ce consul, le Conseil de la Communauté de Marseille « s'étant assemblé, conformément à ses anciens statuts, fit choix de *Laurent Regnier*, qui lui avait présenté requête et lui prescrivit de se pourvoir par devers le Roi, afin d'en obtenir des lettres de provision à ses frais et dépens, suivant l'usage. Regnier

pitulations le nom de *traités*, lequel suppose deux parties contractantes et stipulant sur leurs intérêts ; ici on ne trouve que des priviléges et des exemptions de pure libéralité faite par la Porte à la France. »

(1) Ms. Saint-Germain cité.

M. de Pouqueville, Mém. cité, écrit « que le premier agent français, Jean Regnier, fut accrédité à Tripoli et confirmé dans sa charge le 5 mai 1548 par François Ier. » — Nous voyons par le manuscrit que le premier agent fut bien Jean Regnier, mais que sa nomination est antérieure à 1548 ; l'agent qui a été accrédité à cette dernière date, non par François Ier, qui a cessé de régner en 1547, mais par Henri II. est Mathieu Teyssier.

ayant négligé de remplir cette obligation, *Christophe de Vento* sollicita cet emploi et fut désigné à ce poste par la Communauté de la ville. *Pendant cette poursuite*, Laurent Regnier étant décédé, « Jean Regnier, natif de Lyon, eut recours au roy et obtint, le 2 janvier 1560, les lettres de provision du consulat, non-seulement de la ville de Tripoly, mais aussi de toute la Syrie, avec juridiction et surintendance sur tous les marchands du royaume de France qui iraient y traffiquer pour en jouir, tant pour lui que par ses commis et vice-consuls » (1).

A la mort de Jean Regnier, il fut expédié le 28 février 1594 des lettres de provision du même consulat, en faveur de Jean et autre Jean Regnier, père et fils.

A cette charge succède Louis Beau. « Par ses provisions datées du 1er février 1600, il se voit qu'il fut établi consul non-seulement à Tripoli, de Syrie, Barut, île de Chypre, Alexandrette de Carramanie, mais à Alep et autres appartenances et dépendances. »

Nous voyons dès 1602 ce poste occupé par Marmery, Pierre et Jean Vignier; dès 1648, par François Picquet, avec pouvoir d'établir des vice-consuls dans les lieux où il ne pourrait exercer en personne ses fonctions. Cette faculté avait du reste été concédée aux précédents titulaires. En 1667, après avoir succédé à Picquet, le sieur Baron occupait encore ce consulat.

En Egypte, les premières lettres patentes, qui nous aient été conservées, sont celles du consul Christophe de Vento, datées d'Argentan en Normandie, le 7 juin

___

(1) Manuscrit Saint-Germain. — M. de Pouqueville donne ces détails, sauf de légères différences. Mém. cité, p. 833.

1570. Nous pouvons cependant affirmer qu'avant cette époque la France avait un consul à Alexandrie. Nous ne parlerons point du consul (ou des consuls) mentionnés dans le Hatti-Chérif de 1528, puisque leur nationalité est douteuse; mais, en l'année 1549, nous avons la preuve qu'un de nos nationaux occupait la charge de consul en Egypte.

Un manuscrit de la Bibliothèque nationale (Ms. Saint-Germain, n° 778, pièce 43) nous a conservé une relation des voyages, que fit dans les années 1547, 1548, 1549, à Constantinople, en Perse et en Egypte, M. d'Aramont, ambassadeur du roi. Cette relation est écrite « par le sieur Jean Chesneau, secrétaire dudit sieur d'Aramont. »

A la fin de ce document, nous lisons : « Nous partîmes de ce lieu (du Caire) le douxième de séptembre (1549).............. » « Nous arrivasmes aux jardins d'Alexandrie le 6° jour dudict mois, et vindrent au devant dudict sieur ambassadeur le *consul des Français* et plusieurs autres marchands qui pour lors y estoient, car là est le port où tous marchands chrestiens traffiquant au pays d'Ægypte abordent. »

Jean Chesneau ne donne point le nom de ce consul.

Les lettres patentes de 1570 nous apprennent que Christophe de Vento succède à un nommé Gardiolles; ce consul, dont le brevet ne se trouve nulle part, aurait-il été en charge déjà en 1549 ? C'est ce que nous ne saurions dire.

Le roi, en accordant le consulat d'*Alexandrie* et de la *côte d'Egypte* à Christophe de Vento, ordonnait au chancelier de France de recevoir son serment, et, chose singulière, à son *ambassadeur*, résidant à *Venise*, de l'installer en sa charge, « avec clause rogative au Pacha d'Egypte de lui en laisser remplir les fonctions. »

On voit se succéder au même poste Nicolas de Vento, Piétrequin, Jean Savary, sieur de Brèves, Laurent Meusnier et Bernard de Loménie de Brienne. Remarquons qu'à cette époque, pour remplir en leur absence les fonctions de la charge, les titulaires du Consulat avaient faculté « de commettre un vice-concul dont ils seraient responsables, et qui serait obligé de prendre commission du Roy avant que d'entrer en exercice »(1).

M. Petremol de Norvoie, agent du roi de France à Constantinople, fatigué des plaintes inutiles qu'il ne cessait de porter aux ministres de la Porte, proposa au roi de mettre à *Alger* un consul qui jouirait des mêmes titres et priviléges que les consuls d'Egypte et de Syrie. Il espérait, par ce moyen, faire reconnattre, à l'instant même et sur les lieux, les prises ou les actes de déprédation commis par les Barbaresques, et entourer ceux-ci d'une surveillance, qui les rendrait à l'avenir plus circonspects et plus fidèles aux ordres du Sultan. Charles IX accueillit cette proposition, et Berthole, de Marseille, fut nommé consul d'Alger le 5 septembre 1564; il prêta serment entre les mains du comte de Tende, gouverneur de Provence et amiral de la mer du Levant, mais il ne fut jamais admis dans sa résidence.

Le capitaine Maurice Sauron fut désigné pour ce poste. Sa charge étant vénale, il voulut se faire remplacer par un nommé Guinguighotte; mais celui-ci ne fut point admis, et Hassan-pacha, gouverneur d'Alger, en donna lui-même avis à Marseille, en disant que la *chose répugnait aux marchands, au peuple et à tous.*

(1) Ms. Saint-Germain cité.

A la suite de ce refus, Henri III ordonna à M. de Germigny de prendre les commandements de la Porte. Cet ambassadeur les obtint ; on ignore cependant si Sauron parvint à exercer son Consulat.

D'après la correspondance de M. de Lancosme, le premier consul français, qui résida à *Alger* fut M. Bionneau. Il dut prendre possession de sa charge peu après le renouvellement des capitulations, en 1581. Nous voyons ensuite se succéder à ce poste MM. Vias, Balthazar de Vias, son fils ; Nicoulin Ricou et le Père Barreau, de l'ordre des Trinitaires de Marseille. Ces moines avaient acquis la propriété du Consulat d'Alger, dont ils jouirent jusqu'à la fin du xviie siècle, sous la rubrique de Barreaux et de Lambert ou Courtaux (1).

Les comptoirs de *Tunis*, de la *Goulette* et de *Tripoli* (de Barbarie), furent établis par les soins du capitaine Lourdarles, qui fut nommé consul dans la première de ces Echelles, le 28 mai 1578. Son successeur fut le capitaine Martin, de Marseille, qui obtint ses provisions du roi le 27 avril 1581. Il résida sans interruption jusqu'en 1591, époque à laquelle, ayant été accusé d'hérésie par-devant le Parlement de Provence, la Cour ordonna qu'il serait procédé contre lui comme huguenot. En attendant, un arrêt en forme de commission, du 14 juin de la même année, rendu au nom de Charles X, *roi de la Ligue*, commit, à la place de Martin, François Seguier, élu par la Communauté de Marseille. César Florentin, Pierre Martin, etc., se succédèrent à ce poste.

Le Consulat de Tripoli, dont la propriété appartenait

<hr>

(1) Tableau des établissements français dans l'Algérie, notice de M. le capitaine de corvette Rang, 1841, p. 416.

aux Pères de la Mission, ne fut distrait du Consulat de Tunis qu'en 1647 ; c'est la plus moderne de toutes nos factoreries sur la côte septentrionale d'Afrique.

Henri III, à la demande de l'empereur du Maroc, nomma à Fez, le 10 juin 1577, Guillaume Bérard, qui fut confirmé dans cette charge le 19 juillet 1579. Après le décès de cet agent, la Communauté de Marseille lui donna pour successeur Georges Fornier, qui reçut son homologation du parlement de Provence. Cette charge, en 1648, devint la propriété de M. de Seguiran, seigneur de Bouc, premier président à la Cour des aides et finances de Provence. Tétouan était une dépendance de ce Consulat. Pour compléter l'organisation de nos comptoirs sur les côtes d'Afrique, on avait, l'année précédente, conféré le titre de consul de Sasie, de Mogador, et d'Agader ou Sainte-Croix, à François Boyer, sieur de Bendoot; ce fut en 1650 qu'on créa un Consulat à Albouzem.

Enfin, au centre de nos établissements, sur la côte septentrionale d'Afrique, commençait alors à prospérer la capitainerie du Bastion de France.

Dès les premières années du xviie siècle furent établis les Consulats de Satalie et de Smyrne; ce dernier Consulat ayant, sous sa dépendance, toutes les îles de l'Archipel.

. Pour le Consulat de Constantinople, « il ne se trouve point de lettres de création, ni de provision, comme il en était expédié pour les autres établissements » (Ms. cité)(1). La raison en est que les ambassadeurs accrédités auprès du sultan « ont toujours pourvu à ce poste sous le bon plaisir du Roy, qui leur en a laissé la disposition

(1) Ms Saint-Germain, cité n° 103.

si entière, qu'il ne donne pas même des lettres de confirmation à ceux à qui l'ambassadeur a donné des lettres de provision. »

Le consul de Constantinople avait des vice-consuls à Gallipoli et au château des Dardanelles.

Pour ne pas nous appesantir sur des détails, qui peuvent avoir leur intérêt, mais qui ne donnent aucun nouveau renseignement sur notre organisation consulaire, nous nous contenterons de dire qu'à la fin du XVIe siècle, ou au commencement du siècle suivant, la France avait des Consulats à Candie, à Négrepont, dans les îles de Zante et de Céphalonie, à Duras, dans la province d'Albanie, à Raguse.

On pourrait citer également dès cette époque les noms des consuls de *Venise*, de *Rome*, *d'Ancône*, *de Palerme et de l'île de Sardaigne*.

Nous avons vu précédemment que Marseille, en faisant sa soumission au comte de Provence, avait obtenu une *loge* à Naples et l'institution d'un consul. Ce privilége fut confirmé par les successeurs de Charles d'Anjou ; après la réunion de la Provence à la couronne, nos consuls à Naples tiennent leurs provisions du roi.

A Gênes, l'institution consulaire est également fort ancienne.

Nos Consulats en Espagne offrent une particularité. Encore dans les années 1602 et 1603 se trouvent trois commissions de consul, expédiées par la ville de Marseille, sans confirmation du roi. Le manuscrit auquel nous empruntons ces détails prend soin d'expliquer cette dérogation à la règle générale ; tandis que partout ailleurs les Consulats étaient devenus par l'extension des opérations commerciales « des emplois assez considérables pour n'être confiés qu'à des personnes autorisées par le Roy et n'ayant permission que de lui. » En Espagne, le commerce des Français était peu important et les charges de consul peu recherchées.

Par lettres patentes du 23 août 1614, le roi nomma « Luçon Martin de Saint-Tropez, consul général de la nation française pour toute l'Espagne. » Cette charge ne subsista pas longtemps et fut divisée en plusieurs Consulats.

A la déclaration de guerre de 1635, entre les deux couronnes de France et d'Espagne, nos consuls furent obligés de quitter leurs postes. Par le traité des Pyrénées, du 7 novembre 1659, nous lisons à l'art. 26, « que lesdits seigneurs Roys (Louis XIV et Charles II) pourront establir, pour la commodité de leurs sujets trafiquant dans les Royaumes et Estats de l'un et de l'autre, des Consuls de la nation de leurs dits sujets ; lesquels jouiront des Droits, Libertez et Franchises qui leur appartiennent par leur exercice et employ ; et cet establissement sera fait aux lieux et endroits où de commun consentement il sera jugé nécessaire » (1).

Dès 1660, la résidence de nos consulats français en Espagne a été assignée (2).

On présume que les provisions de consuls en Portugal ont toujours été données par le roi.

(1) En 1769, fut signée au Pardo « une convention entre les cours d'Espagne et celle de France pour régler les fonctions des consuls et vice-consuls de ces deux couronnes dans leurs ports et domaines respectifs.» — De toutes les conventions faites entre les nations de l'Europe au sujet des consuls, c'est celle du Pardo, dans ces neuf articles, qui détermine avec plus d'exactitude, de précision et de prévoyance les droits et les devoirs de ces officiers. — Miltitz, t. II, partie II, p. 35 à 44.

(2) Le manuscrit de Saint-Germain cité nous donne les lieux dans lesquels étaient établis nos consulats.

En l'année 1648, il fut proposé et résolu en conseil du Roi de créer un consulat en Hollande. Au mois de mai de la même année, un agent consulaire fut nommé avec l'agrément des Etats généraux des Provinces unies, qui « l'admirent et la reconnurent pour consul de la nation française à Amsterdam et autres lieux et ports des Provinces unies, en la même forme et avec les mêmes pouvoirs que les consuls des Etats avaient dans le royaume de France. »

·Toutefois, notre Consulat fut peu prospère. A cette époque, presque tout le commerce français « se faisait sur les vaisseaux hollandais et par les Hollandais. » Un petit nombre de nos compatriotes se rendaient donc en Hollande, et notre consul « n'a jamais pu venir à bout d'étendre son droit sur les effets des Français chargés sur les vaisseaux hollandais, Messieurs les Etats ayant considéré que ce serait introduire un étranger, dans la connaissance particulière de leur commerce, dont ils cachent le secret à toute la terre. » (Ms. cité.) Le traité de 1662 est le premier, nous dit Miltitz, par lequel les deux puissances (France et Pays-Bas) convinrent de l'envoi réciproque de consuls.

Les premières provisions de consul de la nation française en Angleterre furent accordées par Louis XIII, en 1614.

Par un article du traité de commerce, conclu en 1655 entre la France et les villes Hanséatiques, Hambourg consentit à recevoir un consul français.

Enfin, c'est en 1635 que fut établi par Louis XIII un Consulat à Dantzig.

Maintenant que nous avons résumé tous les renseignements, qu'il nous a été possible de recueillir, sur l'éta-

blissement et le développement de nos Consulats français
à l'étranger, nous pouvons dire que la France, dès le
milieu du xvii° siècle, avait des agents consulaires non-
seulement dans tous les pays d'Orient et d'Europe que
baignent la Méditerranée, mais encore sur les côtes de
la mer du Nord et de la Baltique.

NOMINATIONS, FONCTIONS, PRÉROGATIVES, ETC.,
DES CONSULS FRANÇAIS.

Nous allons rechercher maintenant aussi brièvement
que possible ce qu'était notre institution consulaire
pendant la longue période d'années que nous avons
embrassée. Nous essaierons de dire à qui appartenait
la nomination de nos consuls? En quoi consistaient
leurs devoirs et leurs attributions? Jusqu'où s'étendait
leur juridiction et quelles étaient leurs prérogatives,
et leurs émoluments.

Nous devons faire remarquer en commençant cette étude
que dans les premiers temps de leur établissement, les
consulats d'l'étranger n'étaient point organisés partout d'une
façon uniforme. Cette organisation a été successivement
régularisée et complétée, non d'après un système général, mais d'après les besoins que faisaient naître les
différents pays; d'après des intérêts plus ou moins
importants à protéger.

Dans les Echelles du Levant, où les marchands et les

(1) « On appelle *Echelles du Levant* les ports de la partie orientale de la
Méditerranée soumis à la domination de la Porte ottomane dans lesquels
les Européens ont des comptoirs. Les échelles de la Barbarie sont des
ports méditerranéens du nord de l'Afrique sur les côtes des régences de
Tripoli et de Tunis et de l'Empire du Maroc. Le mot *échelles* vient sans
doute du vieux terme de marine *escale,* qui signifie port de mer qu'on

navigateurs chrétiens avaient besoin d'une protection plus étendue qu'en Europe : les attributions des consuls étaient naturellement plus étendues et les stipulations, qui définissaient ces attributions, étaient plus nombreuses et plus précises.

Dans les pays chrétiens d'Europe, au contraire, le lien puissant d'une même religion, l'adoucissement progressif des mœurs et le perfectionnement des institutions judiciaires favorisaient les relations commerciales entre les différents peuples, et rendaient moins importante une institution protectrice de l'étranger. *Nomination des consuls.*

Les consuls Narbonnais à l'étranger étaient élus par les marchands et confirmés par les consuls municipaux et le vicomte de Narbonne. Ce privilége cessa naturellement lorsque le vicomté de Narbonne fut réuni à la couronne.

A Montpellier, tant que cette ville conserva ses anciens priviléges, l'élection des consuls à l'étranger appartenait aux *consuls de la mer*, qui étaient en même temps chargés de régler les traités de commerce, qu'il pouvait être utile de faire avec les villes maritimes.

Dans le recueil des statuts de la ville de Marseille, rédigés au milieu du xiii° siècle, nous trouvons un règlement qui détermine le mode de nomination, les droits et les devoirs de ses consuls en pays étrangers (1).

---

trouve sur la route et où l'on entre par occasion pour ravitailler un navire, chercher un refuge contre l'ennemi : c'est le *portus minor* de Du Cange.» M. Féraud-Giraud, De la juridiction française dans les Echelles du Levant, t. I, p. 93.

(1) La rédaction de ces statuts (du 4 avant les nones d'avril 1253) n'est qu'une révision des lois antérieures dont les copies n'auront pas été

Pour bien préciser ces dispositions réglementaires, il faut se rappeler la manière dont se faisaient alors les voyages du Levant. A cette époque reculée, un navire ne se hasardait pas isolément dans une expédition lointaine. C'était ordinairement de *conserve* et dans la saison favorable, que plusieurs navires mettaient à la voile pour les pays d'outre-mer; ils pouvaient se prêter ainsi une mutuelle assistance et tenir en respect, par leur nombre, les pirates qui seraient tentés de les attaquer.

Lorsque les navires avaient complété leur changement et étaient à la veille de leur départ, le recteur de la commune, avec le concours des syndics, des trésoriers, etc., choisissait parmi les personnes qui faisaient partie de l'expédition, celui qui leur paraissait le plus apte à remplir les fonctions de consul, à l'exclusion des patrons, des régisseurs, des syndics et des courtiers que la coutume déclarait incapables.

On adjoignait aux consuls des conseillers élus dans la même forme qu'eux.

Les consuls s'obligeaient par serment, avant leur départ, de ne céder à aucun étranger les boutiques en location, de prohiber la vente du vin provenant de tout autre terrain que celui de Marseille.

Les consulats, que les statuts désignent par leurs noms, sont ceux de Syrie, d'Alexandrie, de Ceuta et de Bougie.

Il était dit que lorsque des négociants marseillais au

---

conservées, car, dans plusieurs chapitres, il est fait mention du *statutum vetus*. C'est le chap. XVIII qui a pour titre : « De consulibus extra « Massiliam constituendis. »

nombre de 10 ou de 20, se trouveraient réunis dans un lieu où il n'y avait point de consul, ils pourraient élire entre eux un consul provisoire. Celui qui était ainsi choisi avait sur les marchands de l'Echelle, aussi bien que sur ceux qui y abordaient, la même autorité que les consuls ordinaires, jusqu'à ce que le recteur de Marseille eût eu le temps de pourvoir au consulat, en la forme accoutumée.

Si ce consul provisoire refusait, sans cause légitime, l'emploi qu'on lui avait confié, il était puni d'une amende de 10 livres royales de coronat.

Les consuls élus ainsi sur les lieux juraient que de bonne foi, et sans égard à aucune faveur, inimitié, prières, menaces ou présents, ils rendraient toute justice, à ceux qui leur porteraient leurs plaintes, et s'acquitteraient de leurs devoirs consulaires, en gens de bien.

Enfin, si ces consuls contrevenaient à leurs serments, ils devaient être punis par le recteur de la ville, d'une amende de 25 livres royaux de corouat.

On ignore comment les consuls institués par Saint-Louis furent élus.

Lorsqu'en 1257, la ville de Marseille se soumit au comte d'Anjou, par le traité intitulé : *Le chapitre de la première paix*, elle stipula, indépendamment de la garantie de ses franchises, la ratification expresse du statut relatif à l'établissement des consuls en pays étranger (lit. 49).

Dans le chapitre de la seconde paix de 1262, les mêmes priviléges se trouvent confirmés, mais avec cette clause que les consuls élus par la communauté de Marseille, prendront les lettres de confirmation de Charles d'Anjou. Les successeurs de ce prince ne changèrent rien à cet état de choses. Depuis la réunion de la Provence à la couronne, et depuis nos premières capitulations avec la Porte ottomane, nous avons vu la communauté de Marseille choisir encore les consuls du Levant, mais avec l'obligation de les présenter à la confirmation du roi ; dès lors nous voyons l'autorité royale intervenir dans la nomination des consuls, pour augmenter leur autorité aux yeux des princes étrangers, en faisant de ces fonctionnaires des représentants de la nation entière, de simples fondés de pouvoirs qu'ils étaient auparavant.

Pendant la seconde moitié du xvie siècle, bien qu'il ne soit pas possible d'assigner une date précise à ce changement, nos consuls sont pourvus purement et simplement par le roi, sans être obligés de rapporter une nomination en leur faveur de la communauté de la ville de Marseille, ou de quelque autre communauté de marchands. Depuis ce temps, porte le manuscrit Saint-Germain : « La disposition de ces charges en commission a toujours été censée appartenir aux secrétaires d'Estat ayant le département des affaires étrangères et a été considéré et réputé, comme un des attributs de leur charge. En conséquence de quoi ils ont expédié les provisions de ces consulats, au nom toutefois et sous le bon plaisir du roi » (1).

(1) Cependant M. de Pouqueville nous dit que la nomination de Bertholle, de Marseille, au consulat d'Alger, du 15 sept. 1574, est signée par Robertet, secrétaire d'Etat de la marine (De Pouqueville, Mém. cité, p. 556, note).

Les consulats français sont placés dans les attributions exclusives du ministère de la marine par l'ord. de 1681. Dès 1766, leur service fut de nouveau rattaché aux attributions du département de la marine. — Ce

D'après les statuts municipaux de Marseille, les cas de nécessité absolue exceptés, les consuls devaient être changés chaque année « qui consules sunt uno anno « in alio non sint consules, nisi in illo casu in quo alius « non inveniretur sufficiens. » Cet usage qui dans l'origine régissait tous les consulats ne se conserva qu'à l'égard de Naples.

A partir du xiv° siècle les autres consuls furent renouvelés à des époques irrégulières, et sans doute, leur nomination était à vie. Il est permis de la supposer du moins en présence de certaines délibérations qui pourvoient au remplacement d'un consul décédé. On conçoit en effet combien il est difficile de pourvoir chaque année au renouvellement des consuls, lorsque leur nombre vint à s'accroître; c'est alors que furent modifiés les règlements primitifs sur la durée trop limitée de leurs fonctions. La compétence des consuls s'était du reste considérablement étendue. Ces officiers n'étaient plus de simples délégués du pouvoir judiciaire à l'étranger, de purs agents commerciaux, leur mission avait grandi, ils étaient devenus les défenseurs-nés des intérêts de leurs compatriotes, chargés de référer à la métropole de tous les actes où ces intérêts pouvaient être compromis. A ce titre il était nécessaire de laisser les consuls acquérir, dans un long exercice, ce degré d'influence qui résulte d'une position plus stable, et cette tradition qui s'appuie sur une pratique suivie de longue-main (1).

fut la Convention nationale qui, par l'organisation donnée en 1793 à ce dernier ministère, retira définitivement les consulats de ce département pour les réunir aux affaires étrangères. (Décret du 14 févr. 1793.) — MM. de Clercq et de Vallat, Guide pratique des consulats, t. I, p. 18.

(1) M. Mortreuil, broch. citée.

Quant à la nomination du consul de Naples, elle avait pu sans inconvénient, continuer à être régie par les anciennes coutumes, puisque Marseille était soumise aux comtes de Provence, dont la domination s'étendait sur le royaume napolitain.

On a pu remarquer, d'après les transactions que nous avons indiquées, que les consulats étaient devenus dès le xvi° siècle des *charges vénales*, des offices transmissibles de particulier à particulier, moyennant finances ; c'est ainsi que nous voyons, en 1647, Camille Savary, comte de Bréves, vendre son consulat d'Alexandrie et de la côte d'Egypte, 68,000 livres à Laurens Meusnier (1). « Les consulats se vendaient et s'achetaient comme un effet public, écrit Véron de Forbonnais, dans son ouvrage sur les finances de la France ; on les faisait exercer par des commis ou des fermiers qui, sans s'intéresser au bien du commerce et de la nation, se servaient de leur autorité pour exercer des monopoles. »

On peut lire les nombreux abus qui résultaient de ces états de choses dans un plaidoyer manuscrit de M. de Cormis « advocat général en Provence, sur la présentation des lettres-patentes (2 et 20 mai 1618), portant règlement sur les charges des consuls de la nation en pays estrangers. » (*Manuscrit* de la Bibliothèque nationale, fonds Harlay Saint Germain, n° 116, pièce 26).

Les trois principales dispositions de ces lettres-patentes portaient : 1° défense pour les consuls de négocier ; 2° injonction de résider sur les lieux sans pouvoir établir de commis et la troisième « cassant les associations faites auxdites charges de consulat. »

---

(1) Manuscrit Saint-Germain cité.

Il importe au bien de l'Etat, nous dit M. de Cormis, que les consuls résident eux-mêmes à leur poste. « Serait chose ridicule et monstrueuse de voir que ces personnes qui tiennent lieu d'ambassadeurs et partant d'estime pour résider aux pays estrangers.... demeurassent néan-moins dans le royaulme. » Entre autres inconvénients qui peuvent résulter de l'exercice de cette charge, par une autre que par le titulaire, il peut arriver que « les aultres consuls des nations estrangères dédaignent de s'assembler avec lesdits comis lorsqu'il est question du bien général des marchands et de la conservation du comerce pour n'estre précédés par lesdits comis et fer-miers. » Nos consuls en effet « ont accoustumé de tenir le premier rang, soit pour porter la parole aux officiers des princes estrangers, soit pour défendre l'intérêt des-dits marchands. »

Du reste notre dignité nationale commande de ne point tolérer ces abus et il ajoute plus loin : « Et cer-tainement si nous avons quelque imperfection parmy nous, retenons la dans nos foyers et entre les parois et limites de notre Estat. Mais en nous présentant aux yeux des estrangers nous nous devons mettre en notre plus haute et bien séance et leur fère voir les plus pures et honorables habitudes de nos loix et de nos inclinations. »

Enfin, M. de Cormis nous apprend que les consulats faisaient l'objet d'un contrat de société et que la charge de consul appartenait ainsi à plusieurs personnes, « la société était stipulée « au profflct de l'office. »

Il est facile de concevoir les graves désordres qui devaient résulter de cette étrange association « on a vu des consuls contraints par la pluralité des voix de leurs associez de bailler la ferme à ceux qui en donnaient davantage, lesquels pour trouver le prix de leur ferme et remplir leurs bourses commettent une infinité d'abus.» Et il est arrivé pour le consulat de Tripoly de Syrie, appartenant à ses associés, que l'un d'eux étant mort, M. de Libertat, «les demoiselles de Libertat se trouvant au nombre des associez donnent leurs voix et opinion en l'établissement de vice-consuls et administrateurs de ladite charge;» «ce qui est un grand abus, ajoute le plaidoyer, de voir que des femmes qui sont incapables de tout ministère et office publique cômettent néanltmoing dans l'administration d'une charge sy importante. »

Plusieurs arrêts du roi, rendus, en son conseil d'Estat, ayant vainement tenté de remédier à ces abus; par autre arret du 13 août 1675, le roi « casse et annule les commissions données par les propriétaires et faict déffenses à leurs commis ou subdélégués de s'immiscer dorénavant en l'exercice de ces charges » et ordonne tous ses sujets faisant le commerce du Levant de ne point reconnaître l'autorité de ces consuls.

Ce fut en exécution de cet arret que M. de Seignelay afferma ces consulats, lesquels furent sous-fermés à des particuliers auxquels on fit expédier des lettres de provision en forme (1).

DEVOIRS ET ATTRIBUTIONS DES CONSULS.

Nous dirons d'une façon générale en prenant les points principaux qui caractérisent cette institution que

(1) Ms. Bibl. nationale, n° 16909, intitulé : « Mémoire concernant les principales Echelles du Levant.»

les consuls étaient *les chefs et les protecteurs de leurs com-*
patriotes en pays étranger ; ils cumulaient les fonctions de
juge, d'officier d'État civil, de notaire et de juge de paix,
d'administrateurs, de magistrat de police et d'agent politique.
Comme tel leur ministère avait pour objet de protéger
et de défendre leurs compatriotes contre toute vexation,
injustice ou offense, tant de la part des autorités que
des individus du pays où ils résidaient. De leur donner
conseil et assistance lorsqu'ils en étaient requis.

De veiller à l'observation des priviléges et à l'exécution des traités sur lesquels étaient basées les relations
existantes entre leur gouvernement et celui près duquel
ils étaient accrédités.

De faire observer par leurs compatriotes les ordres,
statuts et règlements relatifs au commerce et à la navigation; aussi bien ceux de leur propre gouvernement
que ceux du gouvernement près duquel ils résidaient.

De surveiller le paiement exact des droits établis par
l'un et l'autre gouvernement sur les navires et les marchandises. D'administrer les revenus du consulat.

De maintenir la police parmi leurs nationaux, aussi
bien dans le lieu de leur résidence, que sur les navires
marchands dans les ports et rades de leur département.

De prévenir et de réprimer les désordres et de maintenir la bonne harmonie entre leur nationaux et les
naturels du pays, etc.

Lorsque par tempête ou autres accidents des bâtiments
de leur nation *échouaient* ou faisaient naufrage, sur les
côtes de leur département, les consuls étaient tenus
d'aviser aux mesures nécessaires tant pour sauver
l'équipage, le bâtiment, son chargement et ses agrès,

que pour mettre en sûreté les effets et marchandises sauvés, sans tolérer de la part des autorités locales aucune intervention, sauf pour faciliter le sauvetage du navire.

Le droit des consuls français sur ce point était garanti par des stipulations spéciales : en Egypte par les art. 5 et 6 du traité de 1828 et dans tout l'Empire ottoman par l'art. 15 du traité de 1535. Ces priviléges ont été confirmés à nos consuls lors du renouvellement de noscapitulations en 1569 (art. 4), 1581 art. VI, 1604 et 1673.

Les consuls exerçaient la juridiction sur tous leurs compatriotes et remplissaient à la fois les fonctions de juge, d'officier de l'Etat civil, de notaire et de juge de paix; ils entendaient les parties, tâchaient de les concilier, rédigeaient les procès-verbaux, et rendaient des sentences qui étaient exécutoires, même en cas d'appel aux tribunaux supérieurs de la mère-patrie.

Ils expédiaient et légalisaient tous les actes publics, actes de naissance et de décès, contrats maritimes, certificats de vie et d'origine, etc. Enfin ils étaient obligés de tenir un registre exact de toutes les affaires du consulat, dont ils envoyaient à des époques déterminées un extrait à leur gouvernement (1).

Le droit de régler les successions et la curatelle des successions vacantes, faisait partie des attributions des consuls. Ce droit privatif des consuls étant garanti aux Français : en Egypte par l'art. 11 du traité de 1828; dans tout l'Empire ottoman par l'art. 9 du traité de 1535 :

---

(1) Miltitz, t. III, loc. cit., p. 427. — V. Statuts de Marseille. — Moreuil, Manuel des agents consulaires, Introduction, XXVI.

« Item que tous marchands et sujets du roi, porte cet
article en haute part de la seigneurie du G. S., puisent
librement ou partir et mourant de mort naturelle ou
violente, que toute leur robe, tant en deniers comme en
autres choses, soit distribuée selon le testament, et
mourant *ab intestat*, la dite robe soit restituée à l'héritier
ou à son commis par les mains et autorité des *Baile* (1)
ou *consul*, au lieu où sera l'un ou l'autre, et là où il n'y
aurait ni baïle ni consul, que soit la dite robe mise en
sûreté par le *Kadi* (2) du lieu, sous l'autorité du G. S.,
faisant d'icelle premièrement inventaire en présence
de témoins; mais où seraient les dits baïle ou consul,
qu'aucun *Kadi*, *beit-ul-madji* (3), ni autre ne puisse
s'empêcher de la dite robe, et si elle était en main
d'aucun d'eux ou autres, que ledit baïle ou consul la
requit premier que l'héritier ou son commis, qu'incon-
tinent et sans contradictions, elle soit entièrement con-
signée audit baïle ou consul ou à leurs commis, pour
après être restituée à qui elle appartient » (4).

Les consuls, ainsi que nous l'avons vu dans le traité
de 1528, avaient le droit de protection et d'inspection

(1) Baïle ou Bayle. « Bajulus vel Baillivus, Italis Ballo, magistratus,
« magistratus qui vice legati ordinarii Venetorum fungebatur Constan-
« tinopoli, dum imperatores Græci in ea urbe imperarent, seu potius
« mercatorum prætor. » (Du Cange, Gloss. latin). — Le mot *Bayle* n'a
évidemment été employé dans cet acte que par la raison que le titre de
Bayle était celui qui était le plus connu des Turcs et celui auquel ils attachaient le plus de considération (Miltitz, t. II, p. 412).

(2) *Kadi* ou *kasi*, ministre de la justice; en arabe *el-cadi*, d'où est pris
le mot espagnol *alcade* (Miltitz, t. I, p. 524, note 2).

(3) C'est le fermier du droit de succession dans l'empire ottoman (Miltitz, t. II, p. 218).

(4) Baron de Testa, loc. cit., t. I, p. 18. — Cf. Miltitz, t. II, p. 218-220.
Ces privilèges ont été confirmés dans les capitulations subséquentes.

sur les églises et sur tout ce qui touchait au culte national.

Les agents consulaires ne pouvaient exercer leurs
fonctions qu'après en avoir obtenu l'autorisation de la
part du gouvernement, près duquel ils devaient résider,
par des lettres patentes, qu'on appelle *Berat* en Turquie
et partout ailleurs *exequatur* (2).

Dans les premiers temps de l'institution consulaire,
les bulles, diplômes ou chartes de privilége, tenaient
lieu d'exequatur.

En cas de rupture ou de guerre entre la nation et la
puissance auprès de laquelle le consul résidait, il quit-
tait ordinairement le pays avec tous les nationaux;
cependant les atteintes portées dans ce cas par plusieurs
peuples barbares, à l'inviolabilité du caractère consulaire avaient donné lieu à des stipulations spéciales,
sur ce point important, dans plusieurs traités.

Nous ne saurions préciser l'époque à laquelle il fut
défendu à nos consuls de faire du commerce, il a été
rapporté plus haut qu'une des principales dispositions
des lettres patentes du roi en 1618, portait défense
aux consuls de négocier; et M. de Cormis par des raisons longuement déduites, explique cette sage prohibi-
tion. Les agents consulaires étant les premiers protecteurs de leurs nationaux et les juges de leurs différends, il ne faut pas que la poursuite de quelque intérêt particulier vienne entraver la surveillance et la protection des intérêts généraux, joignez à cela que par
« l'autorité de leur charge, il leur serait facile de tenir

(1) Casaregis atteste l'ancienneté de cette coutume quand il dit :
« Nullam possunt exercere jurisdictionem, nisi accedat consensus prin-
« cipis illius loci in quo ipsi residere debent. » Discursus 178, n° 33.

du traffic ou monopole » (Manuscrit, Bibliothèque nat.).

Tandis que le sénat de Florence avait ordonné à ses consuls à l'étranger de n'accorder leur protection qu'aux sujets de la République, nous voyons nos consuls français protéger de leur autorité les commerçants chrétiens, venant trafiquer dans le Levant et en Barbarie. Du jour où nos premiers priviléges nous furent concédés par le gouvernement de la Porte ottomane, toutes les nations chrétiennes purent jouir des mêmes immunités que nos nationaux, en naviguant « sous le nom et bannière de France » (1). Et la France s'honora longtemps de ce protectorat (v. capitulations, 1569, 1581, acte additionnel aux lettes patentes de 1604, obtenu en 1607 par le baron de Salignac, ambassadeur à Constantinople) (1).

Mais les commerçants des autres nations chrétiennes, placés sous l'autorité de nos consuls en Turquie, soumis à leur juridiction, cherchèrent par une suite naturelle du développement du commerce et des changements survenus dans les États européens, à se constituer indépendants et à obtenir du Grand Seigneur des consuls

(1) Le baron de Testa, loc. cit., p. 152. — M. Mas-Latrie, loc. c't., 1820.

« Si on suivait ces actes par ordre chronologique, on y trouverait le progrès de notre influence et de nos droits ; on y verrait la consécration d'une vérité historique et dont nous pouvons être fiers, c'est que, tout en cherchant à obtenir des immunités pour ses concitoyens, les efforts de notre pays ont toujours tendu à ce que l'Europe entière profitât de faveurs identiques. Dès 1535, la France, n'oubliant pas qu'elle était la fille aînée de l'Eglise et la rivale séculaire de la Grande-Bretagne, stipulait formellement pour les Etats pontificaux et pour l'Angleterre la faculté d'obtenir les mêmes avantages qu'elle. En 1604, Henri IV exigea qu'on énumérât dans le traité les nations chrétiennes auxquelles il devait profiter. Tous les Etats d'Europe s'y trouvent nommés, sauf la Russie, qui n'avait point encore d'existence politique. » M. de Gabrielli, Discours cité.

particuliers, ce qui leur fut insensiblement accordé.

Juridiction des consuls en particulier. — La juridiction que les consuls exerçaient sur leurs nationaux était sans doute une de leurs plus importantes attributions. Des stipulations spéciales déterminaient la latitude de ce privilége ; elles accordaient donc plus ou moins de pouvoir aux consuls étrangers selon que la nation qu'ils représentaient jouissait de plus ou moins de crédit et de considération et selon que le degré de civilisation du peuple, chez lequel ils allaient résider, offrait plus ou moins de garantie.

Le mode d'exercer ce privilége était réglé par l'autorité de laquelle émanait la nomination du consul.

Nous dirons d'après les documents, que nous avons pu consulter, ce qu'était la juridiction de nos consuls français au Levant et dans les pays d'Europe.

Consulats dans le Levant. — Ce qui constituait un consulat au Levant, était un enclos fermé où résidaient les marchands étrangers ; outre leurs habitations, cet enclos, appelé *fonde*, *funde*, ou *fondique*, renfermait ordinairement des magasins et des boutiques, un four, un bain, etc. Dans ce quartier se trouve une église desservie par son prêtre ; le consul lui même habite là ; il y représente « pour la colonie chrétienne, l'autorité de la patrie absente » (1).

C'est dans la fonde que le consul termine les différends

(1) « C'est une petite Troie comme les exilés aiment à en construire, dit M. Gabrielli, et, quand les ténèbres règnent, on pourrait s'y croire dans une cité européenne, si la voix du Muezzin n'arrivait par intervalle du balcon des minarets. »

MM. Depping, t. II, p. 47 ; et Millitz, t. II, p. 133. — Cf. la longue notice de M. Féraud-Giraud, loc. cit.. t. I, p. 42.

et exerce un certain droit de police. Il juge et prononce des peines.

En 1190 les Marseillais obtinrent de Guy de Lusignan de se faire rendre justice par des consuls ou vicomtes, établis à Saint-Jean-d'Acre, qui exerceraient la juridiction civile et criminelle à l'exception des cas où il s'agirait de vol, d'homicide, de trahison et de faux monnoyage, lesquels étaient expressément réservés à la cause royale. Au xii° siècle nos villes maritimes avaient de semblables priviléges dans toute la Syrie.

Par le statut de Marseille, il était défendu aux consuls de prononcer aucun jugement sans l'avis de leurs conseillers. Leurs sentences étaient exécutoires, même en cas d'appel devant le recteur de Marseille qui avait le droit de prononcer en dernier ressort. Ce même règlement nous apprend que les consuls avaient également le droit d'infliger des amendes.

Tous ces priviléges furent conservés à la ville de Marseille, lors de sa soumission au Comté de Provence.

Nous ne pourrions dire d'une façon précise quelle était, au xiii° siècle, l'étendue de la juridiction des consuls de nos villes maritimes sur les côtes occidentales de l'Afrique. Les traités qui durent intervenir ne nous ont pas été conservés.

Un acte cependant portant la date du 18 avril (14 kal. de mai) 1268 (1) définit les pouvoirs qu'aura à exercer un agent consulaire dans le port de Bougie. Cet acte est la nomination par Guillaume Dagenessa alors Viguier, de la communauté marseillaise, de Hugues Borgonion, au poste de consul à Bougie. Il y est dit

(1) MM. Méry et Guindon, hist. cit., t. V.

qu'il pourra édicter les peines encourues pour crimes ou délits, et rendre la justice conformément aux coutumes de la ville.

Une lettre patente par laquelle Jacques Ier, roi d'Aragon, accordait, en 1268, au magistrat municipal de Barcelone le droit de nommer les consuls pour la Syrie et l'Égypte, fait connaître combien étaient étendus les pouvoirs qui leur étaient conférés; « ces consuls, porte cet acte, auront une pleine autorité de commander, gouverner, forcer, administrer, *punir*, et procéder, comme ils trouveront convenable, à l'égard de toutes personnes de mes domaines qui se trouvent dans leur arrondissement, aussi bien qu'à l'égard de tous les bâtiments appartenant à nos sujets et les personnes qu'ils transporteront; et cette juridiction s'étendra autant sur terre que sur mer, *de même que le font dans ces pays-là les consuls d'autres Etats sur les choses et les personnes des ces Etats.* »

Le diplôme que Soliman accorde, en 1528, aux marchands français et catalans, établis à Alexandrie, contient différentes dispositions relatives à la juridiction consulaire. Nous avons vu dans l'art. 8 qu'à nos consuls appartenait le droit de juger leurs nationaux, excepté toutefois s'il y *avait du sang.*

Nos capitulations réglées entre François Ier et Soliman le Canonique en 1535, dans tout l'empire ottoman, confirmées au temps de Claude Dubourg en 1569, renouvelées par M. de Germigny au nom de Henri III en 1581, furent augmentées à l'époque de l'ambassade de François Savary, seigneur de Brèves (1604) (1). Enfin,

---

(1) M. Mas Latrie, *loc. cit.*, place quatre autres renouvellements de nos priviléges entre les capitulations de 1604 et celle de 1673; ils portent la date de 1614, 1618, 1635 et 1640. « Ces autres capitulations n'ont été

en 1673, par l'entremise du marquis de Nointel, tous ces priviléges furent de nouveau maintenus.

Ces capitulations étaient accordées, pour toutes les terres de la dépendance du sultan, et nominativement pour les régences d'Alger, de Turin et de Tripoli.

C'est à l'abri de ces chartes de priviléges, que notre commerce conserva et accrut son importance aux Echelles du Levant. Dans un opuscule qu'a laissé M. de Brèves, intitulé : *« Discours sur l'alliance qu'a le Roi avec le G. S.,* l'ambassadeur nous donne une idée de l'importance considérable de nos relations commerciales, à cette époque, avec l'Orient.

« Car il est très-notoire, dit-il, qu'il y a plus de mille vaisseaux en la coste de Provence et de Languedoc, qui trafiquent dans l'étendue de l'Empire du Turc, et par ce moyen, s'enrichissent non-seulement eux-mêmes, mais encore beaucoup de contrées de la France qui en reçoivent utilité. »

Résumons les clauses contenues dans les anciennes stipulations au sujet de la juridiction française dans le Levant et en Barbarie (1).

Les consuls sont les juges de leurs nationaux en matière civile. Pour les procès entre Français, les tribunaux musulmans sont frappés d'une incompétence radicale, lors même qu'ils auraient prononcé sur des réquisitions formelles, tout ce qu'ils feraient serait nul. L'art. 3 du traité de 1838 porte que *« lesdits Bayle* et *Consul*

nous dit M. Mas-Latrie, que la continuation et l'application de la même pensée: stipulation de priviléges et immunités en faveur des sujets étrangers résidant dans les pays musulmans.»

(1) MM. Miltitz, t. II, part. 2 : le baron de Testa, recueil cité.—M. Féraud-Giraud, juridiction française dans le Levant, t. I. — De Gabrielli, discours cité, p. 25.

puissent ouïr, juger et prononcer, tant au civil qu'au criminel, sur toutes les causes, procès ou différends qui naîtront entre marchands et austres sujets du Roi seulement,... non que les *Kadi*, ou autres officiers du G. S. puissent juger aucun différend des dits marchands et sujets du Roi, encore que les dits marchands le requissent, et si d'aventure les dits *Kadi* jugeassent, que leur sentence soit de nul effet. » Cet article est reproduit dans les traités de 1569, art. 12; de 1581, art. 17; de 1604, art. 35; de 1673, art. 37.

Le pouvoir juridictionnel des consuls en matière criminelle est également concédé dès 1535 par le même art. 3; et les capitulations postérieures l'ont consacré en termes formels (Traités 1569, art. 12; 1581, art. 17; 1604 art. 18; 1676 art. 16). « Que survenant quelque meurtre ou autre inconvénient entre quelques marchands français et négociants, les ambassadeurs et consuls d'icelle nation, puissent selon leurs us et coutumes en faire justice, sans qu'aucun de nos officiers en prenne aucune connaissance ni jurisdiction. »(1604, article 18.)

Mais les Français et les étrangers, qui trafiquaient sous la bannière de France, avaient deux moyens de se soustraire à la juridiction de nos ambassadeurs et de nos consuls; le premier en se soumettant à payer le *Karatch*, ou capitation, ce qui les assimilait aux Grecs tributaires; l'autre en devenant renégats, ce qui les rendait sujets du G. S.

Nos ambassadeurs n'ont pas toujours eu égard à ce declinatoire, fondé sur l'apostasie civile et religieuse, et M. de Saucy, pendant son ambassade à Constantinople (1611), nous en fournit deux exemples: Informé qu'un

de ses domestiques accusé de crime atroce commis, entre
Français, est traduit devant un tribunal turc; ordonne
de se saisir du prévenu et d'instruire son procès; la
sentence capitale ayant été prononcée, il fait dresser
une potence à la porte de son palais où le condamné est
pendu. Le même ambassadeur fait mettre à mort, bien
qu'il ait renié sa foi, un religieux coupable de forfait.
Le grand vizir fit quelque plainte à notre ambassadeur
de la mort de cet homme, disant qu'il avait condamné
un musulman. M. de Saucy « soutint qu'il ne l'était point
et que c'était un sujet du roi son maistre, qui n'avait
renié sa foy que pour s'exempter du châtiment qu'il
méritait. Et la chose en demeura là » (1).

D'après la capitulation que nous venons de citer,
la compétence de nos magistrats était restreinte aux
crimes commis par nos nationaux au préjudice de leurs
compatriotes.

En pratique aujourd'hui cette concession déjà exor-
bitante au point de vue du droit des gens a été étendue.
Quand un Français se rend coupable d'un crime sur
un étranger ou même sur un sujet de la Porte, la connaissance de ce fait n'est jamais déférée à l'autorité
musulmane. L'art. 68 (Cap. 1740), obligeait déjà cette
dernière à ne procéder dans ces affaires qu'en présence
de l'ambassadeur ou du consul (2). C'était une garantie

---

(1) Manuscrit Saint-Germain cité. — De Pouqueville, Mémoire cité.

(2) « Quand les consuls vont à l'audiance du *Kadi* qui est le juge, ils
« font porter une chaise de velours que l'on met vis-à-vis, mais un peu
« esloignée du Cadi, qui est assis sur un tabouret, lequel a pour orne-
« ment le mesme tapy sur lequel il fait sa prière, afin de le faire sou-
« venir que la justice est émanée du Ciel; aussy ne prononce t-il jamais
« le mot de justice seul, il la nomme toujours justice de Dieu. » Manuscrit Saint-Germain, cité.

sérieuse en présence de l'art. 70, qui consacrait l'inviolabilité du domicile des Français. On ne pouvait y pénétrer en l'absence et sans le concours des mêmes fonctionnaires. Aussi les dispositions que nous venons de citer sont-elles demeurées à l'état de lettres mortes (3).

Pour l'exécution des décisions consulaires, il était stipulé qu'au cas où les ordonnances des consuls ne fussent obéies et que pour les exécuter ils requissent les officiers du G. S., ces derniers devraient donner leur aide et main forte nécessaires. (Traité 1535, art. 3.)

Si quelqu'un des sujets de la Porte a un différend avec un Français, dont la connaissance appartienne aux juges du lieu, le juge qui en connaîtra ne pourra écouter le demandeur, avant qu'un interprète de la nation ne soit présent. L'affaire sera remise, jusqu'à ce que l'interprète se présente, pour défendre la cause du Français (Traités, 1569, art. 11; de 1581, art. 16; 1604, art. 34; 1673, art. 36).

Ajoutons, comme détails caractéristiques, peignant bien la situation faite, à cette époque, aux chrétiens d'Orient, qu'il est défendu de les poursuivre tous, pour les dettes de l'un d'entre eux (Traité, 1535, art. 7). « Si un ou plusieurs sujets du Roi, ayant fait contrat avec quelque sujet du Grand Seigneur, pris de lui marchandises ou fait dettes, et puis, sans avoir satisfait, s'absentant de l'État du Grand Seigneur, que le dit Bayle, consul, parent, facteur, ni autre personne, sujet du Roi, ne puissent, pour telle cause, être aucunement contraints, ni molestés. » (La même disposition est reproduite dans les capitulations postérieures.) Et l'art. 27 du traité 1604 dit : « Voulons que la dette ne puisse être demandée qu'au detteur ou à celui qui se sera rendu pleige et caution pour lui, par contrat passé par devant personne publique. »

M. de Brèves, l'auteur en quelque sorte de cette capitulation, dans un mémoire où il explique le but et la cause de chacune de ses dispositions commente ainsi cet article : « Bien souvent il arrive que quelques marchands français font banqueroute de grandes sommes au sujet des G. S. qui pour se récompenser de telles pertes s'en prennent aux autres marchands de la nation, et leur en veulent faire payer la perte, comme s'ils étaient obligés de le faire, se servant pour cet effet de faux témoignages. — De mon temps, pendant que j'étais à Constantinople, il y eut à Alep quatre facteurs des marchands de Marseille qui firent banqueroute ; ils emportèrent aux marchands Turcs et Maures trente ou quarante mille écus que l'on fit payer aux Français, qui se trouvaient dans le pays ; mais l'injure ni la perte ne leur demeura pas, parce que j'eus assez de faveur et de pouvoir pour leur faire rendre le tout (1). »

Les jugements rendus par les consuls étaient exécutoires, nonobstant appel devant les tribunaux de France. Nos ambassadeurs, à Constantinople, prétendaient, il est vrai, qu'on pourrait allier à eux des sentences consulaires, « mais cela ne s'est jamais pratiqué, et s'il s'en voit quelques exemples, ce n'est que des sentences rendues par les consuls de Gallipoly et autres, voisins de

____

(1) Ce Mémoire est transcrit en entier dans le recueil de M. de Testa, p. 154.

Constantinople, encore n'est-ce qu'en des cas extraordinaires (*Manuscrit Saint-Germain*). »

Un règlement particulier pour Alep contenait cette clause singulière. « Quand les Maures, marchands Turcs ou chrétiens, sujets du Sultan, font injustice ou *déplaisir* considérable au négociant français pour fait de commerce, ceux-ci peuvent les citer devant leur consul. Si le consul trouve que ce marchand étranger est coupable, il rend une ordonnance appelée *batelation*, c'est-à-dire *interdiction* ou *excommunication civile* contre les négociants étrangers et sa marchandise. » En vertu de cette sentence, il état défendu à tout Français de commercer avec cet étranger, et sa marchandise était frappée de cette sorte d'interdit. La violation de cette défense était punie d'une amende de 200 piastres au moins. L'ordonnance était ensuite communiquée aux consuls des autres nations, qui la faisaient signifier à leurs nationaux, avec ordre de s'y conformer (1). Le consul ne pouvait lever l'interdiction qu'à la requête de la partie lésée. La peine alors se transformait en une amende de 10, 20 ou 30 piastres; « de cet argent, on en donne 2 écus aux truchements, 2 autres au chancelier ou greffier, 2 à l'huissier, 2 au sacré mont de Sion, et le reste s'applique à œuvres pies (2). »

Toutes les capitulations générales que nous avions obtenues de la Porte étaient obligatoires pour les vice-rois des côtes d'Afrique, comme sujets et tributaires de l'Empire ottoman. Cependant, les rois de France, pour donner plus de garantie à nos priviléges, traitèrent di-

(1) De Pouqueville, Mémoire cité. — Miltitz, t. II, p. 456.
(2) M. de Saint-Germain.

rectement avec les régences barbaresques, nous ne parlerons pas de ces nombreuses conventions (1) qui, semblables pour la plupart les uns aux autres, ne portent
que des confirmations plus ou moins explicites des capitulations antérieures.

Ces concessions ont été reproduites avec des additions
dans la capitulation de 1740, qui dans son ensemble est
encore en vigueur. Les traités postérieurs, en effet,
du 25 juin 1802, du 25 novembre 1838 entre la Porte et
la France, n'ont fait que lui donner de solennelles con-
sécrations. Enfin, le dernier traité du 30 mars 1856
entre la Turquie et la France, l'Angleterre, la Russie,
la Sardaigne (art. 32), laisse subsister les « anciens
traités et conventions. »

Il est vrai de dire que depuis plusieurs années les
États musulmans font des efforts assez suivis pour mo-
difier les anciennes capitulations. Au Congrès de Paris,
dans la séance du 25 mars 1856, les représentants des
différentes puissances se sont demandé si la réserve
du droit de juridiction, stipulée en faveur des consuls
étrangers, devait être maintenue. Le protocole de cette
séance fait connaître le débat auquel a donné lieu
cette question et se termine ainsi : « Ces explications
échangées, MM. les plénipotentiaires reconnaissent
unanimement la nécessité de réviser les stipulations,
qui fixent les rapports commerciaux de la Porte avec
les autres puissances, ainsi que les conditions des
étrangers résidant en Turquie ; et ils décident de consi-
gner au présent protocole le vœu qu'une délibération
soit ouverte à Constantinople, après la conclusion de la

(3) Voy. Miltitz, t. II, part. 2, et M. Mas-Latrie, *loc. cit.*

paix entre la Porte et les représentants des autres puissances contractantes, pour atteindre ce but, dans une
mesure propre à donner une entière satisfaction à tous
les intérêts légitimes. »

Avant l'ordonnance de 1681, aucune règle générales n'avait été posée par nos propres lois, pour
régler l'exercice des priviléges qui nous ont été ainsi
concédés. Le pouvoir judiciaire des consuls a ses bases
légales aujourd'hui dans les dispositions de l'art. 12 et
suivants (tit. IX, T. I de cette Ordon.). Ces dispositions
ont été complétées par l'édit de 1778 et en dernier lieu
par la loi du 28 mai 1836.

Juridiction des consulats en Europe. — Nous ne possédons point sur l'intitution des consulats à l'étranger
dans les pays d'Europe, pendant le moyen âge et jusque
dans la seconde moitié du XVII° siècle, des renseignements aussi complets que pour les consulats au Levant.

Les lettres patentes, les traités et autres actes en vertu
desquels les consuls à l'étranger furent établis dans les
pays d'Europe, ne définissent que très-rarement les
devoirs et les attributions de ces magistrats», «et les
lettres de provision, ajoute M. Miltitz (t. II, p. 456), qui
pourraient peut-être remplir cette lacune, n'ont point
été rendues publiques, à l'exception d'un très-petit
nombre que Rymer et Capmany ont rapporté dans leurs
recueils; de sorte que nous ne connaissons de la plupart de ces consulats que le fait de leur existence à une
époque donnée. »

On ne saurait douter cependant, qu'à quelques modi-
fications près, qu'exigeait la différence de civilisation, ·

les attributions des consuls en Europe n'aient été les mêmes qu'en Orient.

Quant à l'administration de la justice, l'étendue des pouvoirs des consuls européens était très-vriable. Tantôt ils ne connaissaient que des contestations civiles entre leurs nationaux, comme les consuls florentins à Londres au xiv° siècle; tantôt ils prononçaient même sur les affaires criminelles, sauf certains cas réservés à la juridiction locale; tels les consuls génois en Sicile et dans le royaume de Castille (1251 à Séville) (1).

Par une exception qu'explique l'omnipotence commerciale du gouvernement où elle avait lieu, les consuls étrangers n'exerçaient à Venise aucune juridiction sur leurs nationaux. Ainsi toutes les contestations commerciales survenues entre les étrangers, dans cette toute puissante république, étaient jugées par un tribunal nommé *il confesso delli pregadi*.

En ce qui concerne nos consuls dans les pays d'Europe, nous dirons qu'ils avaient le droit de juger les procès survenus entre leurs nationaux en leur appliquant les ordonnances de nos rois. Ils devaient toutefois, « selon l'exigence des cas, appeler un certain nombre des plus célèbres et judicieux marchands, qui est réduit ordinairement à quatre, pour prendre leurs avis et rendre leurs décisions plus authentiques » (Manuscrit Saint-Germain cité). En 1559, nous trouvons des lettres-patentes rendues par François II, roi de France, en faveur des sujets suédois établis dans ses Etats, leur reconnaissant le droit d'être jugés par leurs propres

(1) Militiz, t. II, p. 459.

magistrats, dans tous les différends qui peuvent s'élever entre eux (Dumont, t. V, part. I, p. 61). Nous pouvons sans doute voir là comme un indice des usages observés ou Europe au XVIe siècle.

Le traité des Pyrénées conclu entre la France et l'Espagne (1659) se borne à stipuler (art. 26) que les Français jouiront en Espagne de tous les avantages et priviléges accordés aux Anglais et aux sujets des provinces unies.

Or, l'art. 19 du traité conclu en 1657 entre l'Espagne et l'Angleterre, rendu commun aussi avec la France, décida que les sujets de l'une des puissances commerçant dans les Etats de l'autre, ne pourront réclamer la justice du pays sous quelque prétexte que ce soit, pour les discussions qui s'élèveront entre eux, et devront s'adresser à leur consul (1).

Les lois intérieures des nations à cette époque ne nous donnent aucun éclaircissement (2).

L'oadonnance de 1681 (3) enregistrée à tous les Parlements et qui est encore en vigueur dans les dispositions auxquelles il n'a pas été formellement dérogé, porte dans son art. 12 du tit. IX, livr. I : « Quant à la juridiction tant en matière civile que criminelle, les

---

(1) M. Hautefeuille, *loc. cit.*, 3e période.

(2) Valin, en parlant de cet article du traité, écrit : « On voit bien qu'il est défendu par là aux étrangers commerçants de reconnaître la justice du pays et qu'il leur est enjoint de recourir au consul de leur nation; mais à son égard la qualité de juge ne lui est pas donnée; mais seulement celle d'arbitre et de conciliateur. Cependant cela a suffi pour en conclure que le consul a tout droit de juridiction sur ses nationaux dans l'étendue de son Consulat. » Valin, Son commentaire sur l'ord. de 1681, t. 1er p. 252.

(3) Cf.. Ord. 1781.

consuls se conformeront à l'usage et aux capitulations faites avec les souverains des lieux de leur établissement. »

Le mot capitulation, qui est généralement entendu des conventions conclues avec la Porte, doit s'entendre ici de toutes les stipulations conventionnelles existant entre la Porte et les Etats étrangers.

Aujourd'hui les limites du pouvoir judiciaire des agents consulaires sont tellement restreintes que l'on peut établir en fait, écrit M. de Clercq : «que les consuls dans les *pays de chrétienté* n'ont ni juridiction criminelle, ni juridiction contentieuse en dehors de circonstances en quelque sorte exceptionnelles » (1).

PRÉROGATIVES DES CONSULS.

Le cérémonial pour les réceptions des consuls de France était réglé par des conventions locales. Et l'on sait comment était reçu, au XVIe siècle, notre consul français en Egypte et en Asie mineure.

Aussitôt après l'arrivée d'un consul français en Egypte, le pacha envoyait pour le recevoir et le conduire au Caire une députation composée « des grands du pays. » Et les donatives, que notre agent consulaire était obligé de donner, en cette occasion, aux gardes de la ville et du château où résidait le pacha, était fixé à « sept cents piastres ou environ. »

A Alep, les Anglais, les Vénitiens et les Hollandais, bien que chacune de ces nations ait un consul, dans

_____
(1) MM. de Clercq et Vallat, t. II, p. 341.

cette ville, allaient recevoir notre agent français. L'installation des consuls avait lieu dans les ports de mer, au bruit du canon des vaisseaux qui se pavoisaient ; et leur marche était réglée, ainsi que celle des ambassadeurs (1). »

(1) Je transcris les renseignements curieux que je trouve dans le manuscrit Saint-Germain, sur le *cérémonial* qu'observaient nos consuls dans leurs visites au Pacha.

« Aussitôt que le Pacha paroît, et qu'il a passé le seuil de la porte
« (du divan où a été introduit le consul), le consul va au devant de luy
« et avance ses deux mains pour toucher et serrer, en signe de respect,
« celles du Pacha, qui refuse ordinairement cette civilité et touche seu-
« lement du bout des doigts le dedans de la main du *Consul* pour lui
« faire plus d'honneur. Ces civilités respectives rendues, ils s'avancent
« l'un et l'autre vers le milieu du divan où il y a un tabouret de forme
« carrée couvert de riche estoffe, sur lequel le Pacha s'assied ; et du
« mesme temps on en apporte un tout semblable pour le consul, en sorte
« qu'il se trouve assis vis-à-vis de luy. Un peu après qu'ils ont commencé
« l'entretien, il vient deux pages qui leur apportent des mandillys de drap
« d'or ou d'autre riche estoffe, qui tiennent lieu de serviette, qu'ils
« mettent sur *les* genouilz de l'un et de l'autre, auxquels ils présentent
« ensuite, mettant un genouil en terre, une tasse pleine d'une boisson
« chaude qu'on nomme du caffé, premièrement au Pacha et après au
« *Consul*. Le caffé estant beu, on change de mandilz et on leur verse du
« sorbet. Quelquefois, après que le *Consul* a beu ce qui estoit dans sa
« tasse, le Pacha luy présente encore la sienne, ce qui est un grand
« honneur pour le *Consul*. Cela faict, on leur apporte de l'eau rose, dont
« ils se frottent la barbe et les mains. Ensuite on présente une espèce de
« reschaud plein de feu au Pacha qui y jette quelques morceaux d'un
« bois qu'il porte toujours sur soy, qu'on appelle *lignum aloës*, qui rend
« un parfum fort odoriférant, et dès le moment qu'il fume, on estend
« une espèce de drap d'or et de soye, premièrement au-dessus du Pacha,
« puis sur le *Consul*, pour retenir la fumée du parfum, afin qu'ils en
« soient parfumez. Pendant ce régal, l'entretien se continue tousjours, et
« quand le *Consul* tesmoigne se vouloir retirer, le Pacha l'invite par ma-
« nière de courtoisie ordinaire aux Turcs à s'arrester encore ; mais, quel-
« ques momens après, le *Consul*, qui sçait qu'il n'a esté convié à s'ar-
« rester que par civilité, se retire, et le Pacha demeure parfois debout
« jusqu'à ce que le *Consul* soit hors de la Porte du Divan ; de quoy le
« Consul estant adverty, il se retourne et fait encore une salutation au
« Pacha en mettant seulement, comme il a esté desja dit, la main sur sa
« poitrine. » Manuscrit Saint-Germain, Bibl. nat., n° 403.

Nous devons nous demander si les consuls, comme ministres publics ou agents politiques, jouissaient de la protection spéciale du droit des gens.

M. Miltitz, en parlant des immunités dont pouvaient se prévaloir les consuls de toutes les nations européennes, même avant le milieu du xvi° siècle, nous dit que les « consuls réunissaient tous les caractères requis pour constituer la qualité d'agents publics ou politiques (diplomatiques), auprès d'un gouvernement étranger, » nommés par *les premiers magistrats de la nation*, leur mission consistait à protéger auprès du pays où ils résidaient, non-seulement les intérêts des négociants et des navigateurs, mais aussi, dans une certaine mesure, les intérêts de l'Etat lui-même (1).

« Dans l'organisation fractionnée du moyen-âge, » écrit M. Charrière, « certaines parties du territoire dans chaque pays, développée selon la relation naturelle et les nécessités locales, avaient souvent représenté au dehors, pour les étrangers, l'unité de la nation, qui n'existait pas encore. Ainsi, la Catalogne pour l'Espagne, la Provence pour la France, petites nationalités commerçantes (2).

(1) M. Miltitz n'admet point qu'avant le xvii° siècle les consuls « n'étaient que de simples fondés de pouvoirs établis par la prévoyance de quelques négociants. Tenant leurs fonctions des premiers magistrats de la nation, ces agents représentaient leur gouvernement. » « La souveraineté des villes autonomes d'Italie, de France et d'Espagne était aussi entière dans le rayon de leur domination que pouvait l'être celle des rois à cette même époque, et les consuls ne représentaient pas le commerce de la ville de Venise seulement, etc., mais celui de tout le pays soumis à la domination des Vénitiens, etc. » (T. II, p. 471, note 3.) — « Marseille, dit M. E. Charrière (Documents inédits, t. I, p. 121), que sa constitution municipale érigeait presque en république indépendante..., recevait des ambassades des petits princes d'Afrique et traitait avec eux. »

(2) M. Charrière, Documents cités, t. 1, p. 121.

Lorsque nos consuls reçurent leurs commissions du roi, ils devinrent bien alors les représentants du commerce national, et furent chargés de représenter les intérêts français auprès des gouverneurs qui les recevait. Dès ce moment au moins, sans aucun doute, les consuls ont dû être considérés commes des *agents diplomatiques*.

Dans les pays où ils résidaient, les consuls étaient personnellement inviolables ; ils ne pouvaient être retenus prisonniers ou arrêtés sous aucun prétexte. Ils jouissaient d'une immunité absolue de toute espèce d'impôts ; le droit d'exercer le culte dans l'enceinte du consulat leur était accordé sous la plus grande latitude, et un cérémonial particulier réglait les honneurs qui leur étaient rendus en public. Leurs lettres de provision équivalaient, à cette époque, aux lettres de créances postérieurement introduites pour les ministres à résidences fixes. Remarquons que les consuls étaient alors les seules personnes qui jouissaient des immunités du droit des gens, car les ambassades étaient des événements extraordinaires rares et de courte durée (1).

Il est vrai de dire, cependant, que les consuls ne sont pas qualifiés de ministres publics ni dans les lettres de provision, en vertu desquelles ils exerçaient leurs fonctions, ni dans les chartes de priviléges, diplômes et traités qui définissaient leurs attributions (2).

Cet ordre de choses resté à peu près sur le même pied, chez les nations européennes, jusqu'au XVIIe siècle. A cette époque, il commença à recevoir quelque atteinte par l'institution permanente des ambassadeurs et des

(1) Borel, Origine des consuls, p. 26.
(2) Le Vidame de Venise à Aquilée est le seul qui ait été formellemen, qualifié d'*agent politique*. — Miltitz, Add., p. 79.

ministrès dans les cours étrangères, il ne subsista presque dans toute sa force que dans le Levant, où ils sont reconnus, dans les traités, comme agents jouissant de la plénitude des immunités concédés ou agents diplomatiques du premier rang (1) (Capit 1604-1740).

Il n'est pas besoin de remarquer que l'inviolabilité du caractère des consuls n'a pas toujours été respectée dans les pays musulmans. Et l'on peut se demander quelles étaient cette protection particulière dont ils jouissaient à Alexandrie, vers les premières années du xvᵉ siècle, quand nous lisons dans un écrivain arabe, khalil Dhahéri : « Dans cette ville sont des *consuls*, c'est-à-dire de grands seigneurs d'entre les Francs des différentes nations; ils y sont comme *otages;* toutes les fois que la nation de l'un deux, fait quelque chose de nuisible à l'Islamisme, on en demande compte à son consul (2). »

Du reste, ne lisons-nous pas à propos des *ambassadeurs*, dans Wicquefort (3) : « Les Turcs disent que deux raisons les obligent à souffrir que les princes chrétiens aient leurs ministres à la Porte; la première afin que le Grand Seigneur ait à qui se plaindre et à qui s'en prendre des infractions des traités, et l'autre afin d'avoir des *otages* pour l'exécution des traités. »

Nous croyons devoir dire ici un mot des *employés du consulat.*

Des employés des consulats. — Le peu de renseignements que nous avons sur les employés des consulats

<hr>

(1) MM. de Clercq et Vallat, t. I, p. 7.

(2) Khalil écrivait vers l'année 1421 ; ce passage est renfermé dans le livre intitulé : «La crème de l'exposition détaillée des provinces.» — Silv. de Sacy, Chrestomathie arabe, t. II, 40.

(3) Wicquefort, l'Ambassadeur et ses fonctions, t. I, p. 814.

pendant le moyen âge, nous fait supposer que leur nombre, le salaire dont ils jouissaient, et les fonctions qu'ils avaient à remplir étaient réglés d'après l'importance du consulat même, au service duquel ils étaient attachés.

Les employés indispensables d'un consulat au Levant étaient le *drogman* ou interprète, l'organe officiel du consul dans tous ses rapports avec les autorités du pays; et le *chapelain*, qui desservait l'église nationale et faisait en même temps les fonctions de *notaire* ou de chancelier.

Aux termes du chap. 19, des statuts de Marseille, le consul pouvait nommer son chancelier.

Au commencement du xvi° siècle, nous voyons que les consuls français avaient des *chanceliers*, des *drogmans* et *autres officiers* du consulat, des *aumôniers*, des *zagous* (employés subalternes des consulats du Levant chargés de la Fonde), et des *boabos* (portiers de la Fonde) (1).

Emoluments des consuls. — Il n'est pas sans intérêt de jeter un regard rétrospectif sur les droits pécuniaires ou les émoluments de nos consuls. Ces droits ont varié avec le temps et n'étaient point les mêmes pour tous les consulats.

Les statuts de Marseille ne contiennent que deux dispositions relatives aux *droits consulaires*; l'une établit que le consul doit partager avec la commune les amendes auxquelles il condamnera; l'autre fixe les émoluments des consuls en matière de justice, savoir un dixième si

(1) Ponqueville, loc. cit., p. 563. — Milltitz, t. II, p. 489.

l'instance est pour la valeur de *dix besans* (1) et au-dessus, et à un *troisième*, si elle est-au-dessous de dix, dont la moitié reversible à la communauté de Marseille. Il est probable, ajoute M. de Miltitz, qu'ils avaient encore d'autres revenus.

Au rétablissement de nos comptoirs du Levant (XVIe siècle), nos agents eurent d'abord pour émoluments un demi pour cent, sur toutes les marchandises chargées au lieu de leur établissement, et dans toute l'étendue de leur département.

Ce droit était perçu par les préposés des douanes du pays qui leur en tenaient compte, mois par mois, sans aucune rétribution, *sub bona fide*. A cette condition, les consuls demeuraient passibles de toutes les dépenses ordinaires et extraordinaires, auxquelles la protection du commerce et le *décorum* de leur charge pouvaient les engager. Cette taxe, fondée sur l'usage, ne fut homologuée que sous Louis XII. Les successeurs, François Ier et Henri II, la confirmèrent, mais elle ne fut pas longtemps perçue sur ce pied.

A Tripoli, ce droit fut doublé « pour rendre *le consul plus curieux* et plus surveillant aux affaires, et empêcher les abus, » par une déclaration du 15 juin 1551.

Le consul de Tripoli obtenait la faculté de percevoir *un pour cent*, comme par le passé, mais encore, en plus, un droit de *deux pour cent*, et celui de *trois pour mille* sur chaque *balle de marchandises* (2). Cette dernière taxe était applicable aux honoraires des drogmans, à l'acquitte-

(1) On ne paraît pas bien fixé sur la valeur du Besan ancien ; on peut admettre que le besan vaudrait encore 21 sous de la monnaie d'aujour d'hui (Miltitz, II, p. 179).

(2) Ms. Saint-Germain, n° 403.

ment des quirats (1) imposés à chaque marchand, afin de subvenir aux dépenses des pélerins qui se rendaient à Jérusalem, aux frais du culte, à l'entretien des Fondes.

Mais des réclamations eurent lieu contre ces impôts, et le consul ne dut plus percevoir qu'*un pour cent de droits consulaires.* On lui accorda une autre taxe de *un pour cent* pour tous les autres frais du consulat.

Ce règlement fut approuvé par le roi, et devint le tarif des droits consulaires du *Levant* et de la *Barbarie.*

Par une exception, on accorda plus tard *trois pour cent* au consulat d'Alexandrie, à cause des dépenses et de la représentation que ce poste exigeait.

Le tarif des chancelleries fut fixé par l'usage et suivant les localités (2).

Par la suite, on renonça à se servir du ministère des douanes *turques,* pour percevoir les *droits consulaires;* et les capitaines de navires furent tenus de payer les *droits* à la sortie.

Des règlements particuliers déterminaient pour chacun de nos établissements consulaires en Europe, à Venise, à Gênes, etc (3), les droits que le conseil pouvait prélever sur le commerce. Ces droits étaient très-variables.

Nous venons de voir comment notre institution consulaire française, créée dans le Levant, s'est développée et consolidée, de plus en plus, pendant le moyen âge

---

(1) Petite monnaie d'Egypte à cette époque.
. (2) Pouqueville, p. 569-570. — Miltitz, t. II, p. 480 et 483.
(3) Le manuscrit Saint-Germain explique longuement pour chacun de ces consulats les règlements qui déterminaient la quotité de l'impôt.

sous l'impulsion commerciale de quelques unes de nos villes maritimes.

Comment dès le xvie siècle, nos consuls tiennent leur nomination du roi, acquièrent une autorité nouvelle et deviennent plus nombreux.

Quand parut l'ordonnance de 1681, qui règlementait tout ce qui semblait toucher aux consulats à cette époque, la France a des agents consulaires dans toutes les places commerciales importantes de l'Orient et de l'Europe.

Mais cette institution telle que nous l'avons vue à l'origine, et à peu près identique dans les pays musulmans et dans les pays chrétiens, ne pouvait guère se concilier avec le développement du système moderne des États européens, et avec la consolidation du pouvoir monarchique. Elle devait paraître une usurpation sur la liberté et l'indépendance de la souveraineté nationale. Aussi de bonne heure voyons-nous se manifester la tendance d'assujettir le commerce des étrangers aux lois et aux tribunaux du lieu de leur résidence.

C'est ainsi que les agents consulaires français, dans les États d'Europe et du Nouveau-Monde, ont perdu leurs fonctions judiciaires, tandis que dans les pays musulmans, notamment aux Echelles du Levant et dans les pays barbaresques (1), les consuls ont gardé la plénitude de leurs prérogatives et de leur juridiction.

Aujourd'hui les attributions, droits, prérogatives et devoirs des consuls français à l'étranger se trouvent nettement définis par les nombreuses ordonnances du roi Louis-Philippe de 1833, par celles de 1836, de 1842,

---

(1) Nos consuls en Chine, au Japon, en Perse, dans le royaume de Siam, jouissent de la même plénitude d'attributions que dans les échelles du Levant.

de 1843, de 1845 et de 1847. Et, leur pouvoir judiciaire dans les pays où ils peuvent l'exercer, posé en principe dans l'ordonnance de 1681, est complètement réglementé par l'édit du mois de juin 1778 et par la loi du 21 mai 1836.

Cet ensemble de dispositions législatives forme comme on le voit un Code complet et fort étendu de notre institution consulaire.

En commençant un travail sur les consulats, nous ne pouvions songer à embrasser, dans une seule étude, un sujet aussi vaste. L'institution se présentait à nous divisée en deux grandes périodes, pour ainsi dire, en deux parties. Les consulats avant 1681 avec un certain développement de juridiction. Les consulats depuis Colbert qui par sa célèbre ordonnance de la marine réglementa les consulats d'une façon complète.

Dans ces dernières années, des auteurs éminents avec une compétence d'érudition et de critique, que leur donnait une longue et remarquable carrière, ont fourni des travaux complets et définitifs sur l'institution consulaire. Chaque point de l'état actuel de cette matière y est étudié avec un soin et une autorité, qui ne nous permettaient plus autre chose qu'une copie fidèle ou un résumé incomplet.

La première période des consulats au contraire, peu explorée jusqu'à ce jour et obscure, nous permettait un travail qui sera sans doute bien imparfait, mais plus personnel, et nous avons cru intéressant de rechercher les origines de l'institution, d'en suivre les développements et d'en étudier l'organisation jusqu'à l'époque actuelle.

Pouvant aujourd'hui mieux apprécier l'étendue du

sujet et les difficultés qu'il présente, nous reconnaissons que nous sommes resté bien au-dessous de notre tâche ; et peut-être devons-nous nous blâmer d'avoir voulu aborder une telle étude, qui méritait une plume autrement habile et autorisée que la nôtre, et qui nécessitait de longues méditations et de longues années de recherches.

POSITIONS.

DROIT ROMAIN.

I. Dans une obligation alternative, la perte fortuite de l'une des choses promises n'enlève pas au débiteur l'avantage du choix.

II. Il y a antinomie entre la loi 70 au Digeste, *de legatis*, 3°, 30, et la loi 98, § 8, Digeste, *de solut.*, 46, 3.

III. La demeure de l'un des débiteurs solidaires ne nuit pas aux autres ; le fait de l'un nuit à ses codébiteurs.

IV. Le *nudum pactum* suffit à faire naître une obligation naturelle.

V. Un pacte ajouté *in continenti* à un contrat de droit strict augmente l'obligation du promettant.

DROIT FRANÇAIS.

DROIT CIVIL.

I. Le prix qu'un acheteur à réméré paie au vendeur, pour obtenir de lui sa renonciation à ce droit de retrait, doit être le profit exclusif des créanciers hypothécaires.

II. Un jugement rendu hors de France au profit d'un étranger contre un Français n'a pas force de chose jugée en France.

III. La donation qu'une femme mariée accepte sans autorisation n'est pas frappée d'une nullité absolue, dont le donateur lui-même puisse se prévaloir.

IV. Le sous-locataire n'a ses biens grevés du privilége du propriétaire que jusqu'à concurrence de ce qu'il doit.

V. Le mari, en prenant le consentement de sa femme, peut faire valablement les donations qui lui sont défendues par l'art. 1422.

VI. L'art. 1743, C. c., ne confère pas au preneur un droit réel sur la chose louée.

VII. La femme mariée sous le régime dotal est responsable sur ses biens dotaux de ses délits et quasi-délits.

DROIT CRIMINEL.

I. L'action civile se prescrit par le même laps de temps que l'action publique.

II. Le ministère public ne peut pas donner suite à l'action en adultère intentée contre la femme, après la mort du mari.

HISTOIRE DU DROIT.

I. La communauté légale a une origine germanique.

II. La compilation des lois maritimes, connues sous le nom de Consulat de la mer, n'a été rédigée qu'au xiv° siècle.

DROIT DES GENS.

I. Les magistrats en Égypte, chargés de protéger les opérations commerciales des commerçants grecs (au vi° siècle avant J. C.) s'appelaient προστάται του εμπορίου et ne doivent pas être assimilés aux *Timouques*.

II. Le *commandement*, en vertu duquel les consuls Jean Benette et Pierre Benette ont obtenu confirmation d'anciens priviléges à Alexandrie, ne date point de 1807, ni de 1818, mais de 1528. C'est le premier acte, qui ait été conservé, des concessions faites par la Porte à la France.

III. Les consuls forment une catégorie particulière d'agents diplomatiques.

IV. La juridiction consulaire en Orient, telle qu'elle résulte des capitulations, conclue entre la Porte et les puissances chrétiennes, ne doit pas s'appliquer aux principautés unies Roumaines.

Vu par le Président de la thèse,
DEMANTE.

Vu : le Doyen,
COLMET-D'AAGE.

Vu et permis d'imprimer,
Le vice-recteur de l'Académie de Paris,
A. MOURIER.

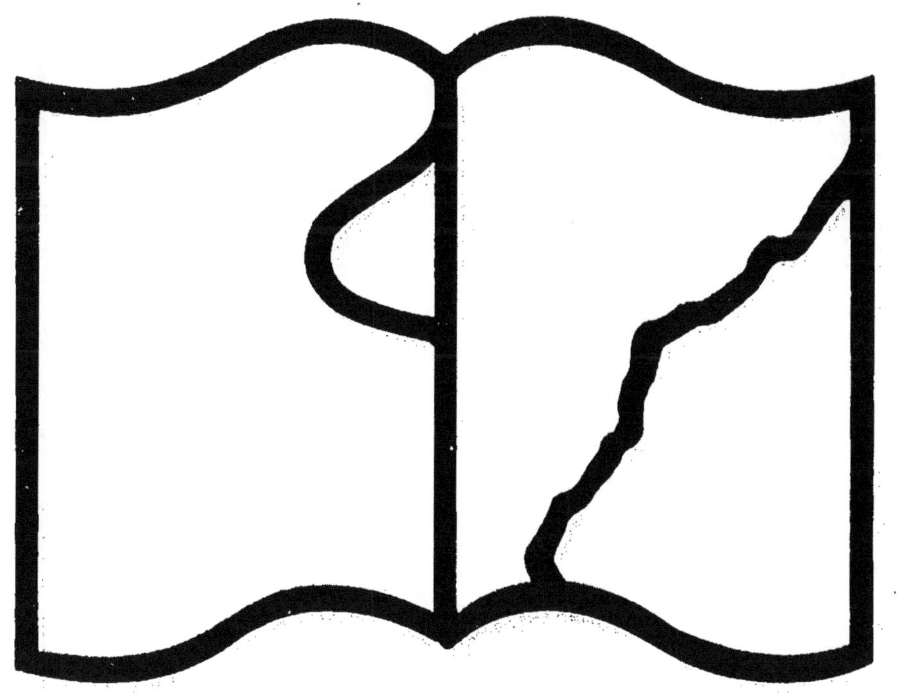

Texte détérioré — reliure défectueuse

NF Z 43-120-11

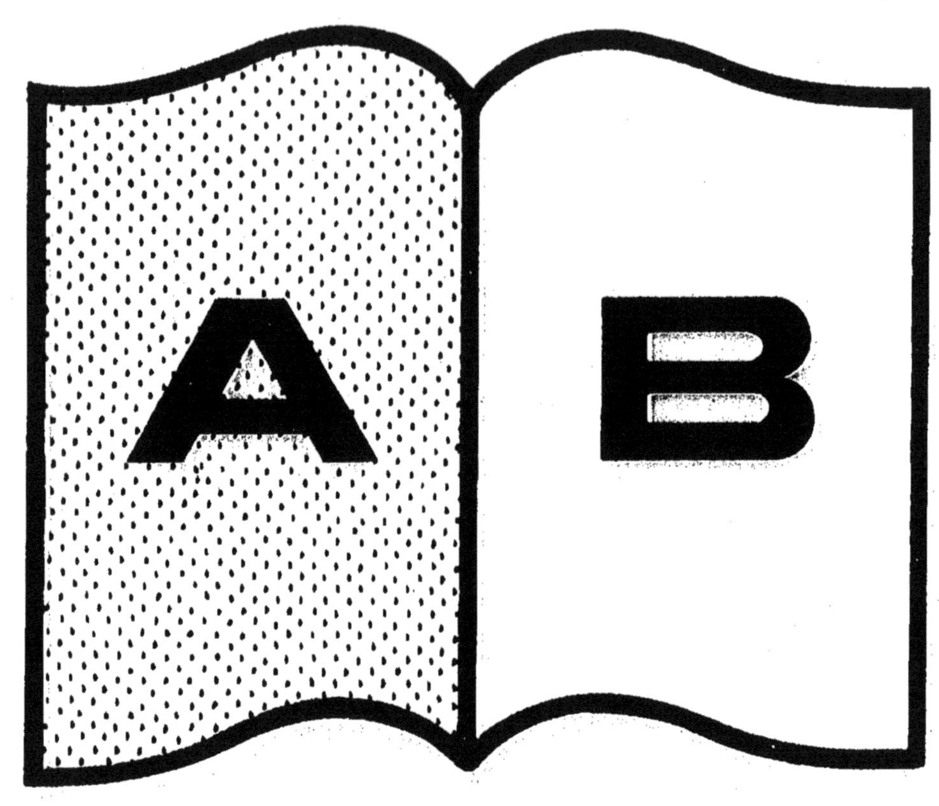

Contraste insuffisant

NF Z 43-120-14

www.ingramcontent.com/pod-product-compliance
Ingram Content Group UK Ltd.
Pitfield, Milton Keynes, MK11 3LW, UK
UKHW020201130726
13696UKWH00002B/653

9 782016 159767